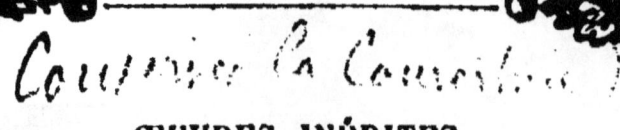

ŒUVRES INÉDITES

DE

VICTOR HUGO

—

DRAME

—

AMY ROBSART

—

LES JUMEAUX

—

PARIS

BIBLIOTHÈQUE-CHARPENTIER

11, RUE DE GRENELLE, 11

—

1890

AMY ROBSART

—

LES JUMEAUX

BIBLIOTHÈQUE CHARPENTIER

à 3 fr. 50 le volume

ŒUVRES INÉDITES DE VICTOR HUGO

EN VENTE :

CHOSES VUES

THÉATRE EN LIBERTÉ

LA FIN DE SATAN

TOUTE LA LYRE, 2 vol.

ŒUVRES INÉDITES
DE
VICTOR HUGO

DRAME

AMY ROBSART

LES JUMEAUX

PARIS

G. CHARPENTIER ET Cie, ÉDITEURS

11, RUE DE GRENELLE, 11

1890

Tous droits réservés.

AMY ROBSART

AVERTISSEMENT DES ÉDITEURS

En 1828, Victor Hugo venait de faire *Cromwell* et allait faire *Marion de Lorme*. *Cromwell* n'était pas son premier drame ; plusieurs années auparavant, il en avait fait un, dans les circonstances que rapporte l'auteur de *Victor Hugo raconté par un témoin de sa vie*.

« ... A dix-neuf ans, au moment où, sa mère morte, son père à Blois, seul au monde, son mariage empêché par sa pauvreté, M. Victor Hugo cherchait partout cet argent qui le rapprocherait du bonheur, M. Soumet lui avait proposé d'extraire à eux deux une pièce d'un roman de Walter Scott, *le Château de Kenilworth*. M. Soumet ferait le plan, M. Victor Hugo écrirait les trois premiers actes et M. Soumet les deux derniers.

« M. Victor Hugo avait fait sa part ; mais, lorsqu'il avait lu ses trois actes, M. Soumet n'en avait été content qu'à moitié ; il n'admettait pas le mélange du tragique et du comique, et il voulait effacer tout ce qui n'était pas grave et sérieux. M. Victor Hugo avait objecté l'exemple de Shakespeare ; mais alors les acteurs anglais ne l'avaient pas encore fait applaudir à Paris, et M. Soumet avait répondu que Shakespeare, bon à lire, ne supporterait pas la représentation ; que *Hamlet* et *Othello* étaient d'ailleurs plutôt des essais sublimes et de belles monstruosités que des chefs-d'œuvre ; qu'il fallait qu'une pièce choisît de faire rire ou de faire pleurer. Les deux collaborateurs, ne s'entendant pas, s'étaient séparés à l'amiable ; chacun avait repris ses actes et son indépendance, et complété sa pièce comme il l'avait voulu. M. Soumet avait fait une *Émilia* qui, jouée au Théâtre-Français par Mlle Mars, avait eu un demi-succès. M. Victor Hugo avait terminé son *Amy Robsart* à sa façon, mêlant librement la comédie à la tragédie. »

Il y avait six ans de cela, et Victor Hugo ne pensait plus à sa première pièce, quand le plus jeune de ses deux beaux-frères, Paul Foucher, qui se sentait entraîné vers le théâtre, le pria de la lui laisser lire. Alexandre Soumet lui en avait parlé la veille comme d'une œuvre singulièrement curieuse.

— Ça m'a un peu effarouché dans le temps, dit-il, et maintenant encore il y a bien des témérités où je ne me hasarderais pas, moi ; mais, puisque les drames anglais ont réussi, je ne vois pas pourquoi ça ne réussirait pas. Si j'étais Victor Hugo, je ne perdrais pas une pièce où il y a des scènes très belles.

Paul Foucher, le drame lu, insista pour que Victor Hugo suivît l'avis de Soumet. Mais Victor Hugo, déjà illustre, ne se souciait plus de mettre son nom à une pièce dont le sujet était emprunté à un autre.

— Eh bien, lui dit Paul Foucher, si tu ne veux pas la faire jouer sous ton nom, laisse-la jouer sous le mien. Tu me rendras un vrai service, une pièce pareille me fera connaître et m'ouvrira le théâtre à deux battants.

Victor Hugo consentit, heureux d'obliger son beau-frère, pas fâché non plus peut-être de faire cette épreuve et du théâtre et du public.

Mais la pièce ne fut pas jouée telle que l'auteur l'avait écrite à dix-neuf ans. Victor Hugo fit pour *Amy Robsart* ce qu'il avait fait pour *Bug-Jargal*, ce qu'il aurait fait pour *Cromwell*, si la mort de Talma n'en avait empêché la représentation. Il modifia et serra le drame, et ne le livra à la représentation que mis au point du théâtre.

PERSONNAGES

DUDLEY, COMTE DE LEICESTER.
RICHARD VARNEY.
SIR HUGH ROBSART.
FLIBBERTIGIBBET.
ALASCO.
LORD SUSSEX.
LORD SHREWSBURY.
FOSTER.

ÉLISABETH, reine d'Angleterre.
AMY ROBSART.
JEANNETTE.

Seigneurs, Dames, Gardes, Pages.

1575.

ACTE PREMIER

Une grande chambre gothique. Au fond, porte vitrée. A droite, une fenêtre ouverte. Du même côté, un fauteuil à double siège que surmontent les couronnes de comte et de comtesse; quatre pans de velours cachent les pieds de ce fauteuil. Une table à pieds tors.

SCÈNE PREMIÈRE

LE COMTE DE LEICESTER, VARNEY.

Tous deux entrent en parlant. — Leicester pose sur la table une petite cassette de fer.

LEICESTER.

Tu as raison, Varney, quoique tes conseils ne soient peut-être pas ceux de ma conscience. Déclarer à la reine mon mariage secret avec Amy Robsart est aujourd'hui impossible. Élisabeth me fait ce rare et insigne honneur de me venir visiter dans ce château de Kenilworth. Elle sera ici dans quelques heures, amenant dans son cortège mon adversaire, ou plutôt mon ennemi, le comte de Sussex, avec qui elle veut me réconcilier...

VARNEY.

Or, la vierge-reine, comme on l'appelle, n'admet pas volontiers que ceux qui prétendent à sa faveur soient plus qu'elle soumis à l'humaine loi de l'amour. Avouer que ni votre cœur ni votre main ne sont libres serait laisser au comte de Sussex un tel avantage !...

LEICESTER, l'interrompant avec impatience.

Je te dis, Richard, que je ferai ce que tu veux, ce qu'une situation difficile me commande. Mais je n'en ai pas moins l'âme pleine de trouble et d'angoisse. Qu'est-ce que la faveur royale près du bonheur domestique ? qu'est-ce que la disgrâce d'Élisabeth près de l'amour d'Amy ?

VARNEY.

Entendre le comte de Leicester faire ce parallèle devrait suffire pour pénétrer de reconnaissance le cœur de milady.

LEICESTER.

Ma bien-aimée Amy !

VARNEY.

Entendre le comte de Leicester pousser ce soupir amoureux suffirait pour gonfler d'espérance le cœur de Sussex.

LEICESTER.

Sussex ! Sussex !... Je suis décidé à me taire, te dis-je ! — Mais si la reine découvrait sans moi ce que tu m'empêches de lui découvrir moi-même ?...

ACTE I, SCÈNE I.

VARNEY.

Soyez tranquille, milord. Cette partie ruinée du château de Kenilworth échappe à tous les regards indiscrets ; elle est éloignée du château neuf et passe pour inhabitée et inhabitable. Et, en vérité, si elle ne renfermait la colombe mystérieuse de votre seigneurie, on pourrait — même en y laissant notre vieux et rébarbatif concierge Foster — ne la dire habitée que par les hiboux.

LEICESTER.

C'est bien, laisse-moi, Varney. Va donner un coup d'œil aux derniers apprêts pour la réception de la reine. Moi, il faut que je parle à notre astrologue.

VARNEY, feignant la surprise.

Ah ! monseigneur a fait amener ici Alasco ?

LEICESTER.

Oui, depuis hier. Ne le savais-tu pas ? Il est enfermé là-haut, dans la chambre secrète. Fais apporter pour lui quelques provisions, Varney, pendant que je le questionnerai sur certain horoscope...

VARNEY.

Il suffit, milord. (Varney s'incline et sort.)

SCÈNE II

LEICESTER, seul.

(Il s'approche lentement d'une des fenêtres.) Pas un nuage dans le ciel. Ah! s'il est vrai que nos destins puissent être soumis à l'action des astres qui étincellent sur nos têtes, la révélation de leur influence ne me fut jamais plus nécessaire qu'en ce moment : ma route, sur la terre, est incertaine et voilée! (Il s'assied près de la table, ouvre la cassette d'acier et en tire un petit parchemin marqué de signes cabalistiques.) Je ne puis détacher mes regards des signes mystérieux tracés par la main d'Alasco. Dois-je, en effet, me fier à leurs orgueilleuses prédictions?... — Que dirait l'Angleterre, si elle savait qu'à cette heure le noble comte de Leicester, le tout-puissant favori d'Élisabeth, cherche, comme un enfant, à lire sa destinée dans les lignes symboliques d'un astrologue?... Eh! ma faiblesse n'a-t-elle pas été partagée par tous ceux qui ont nourri dans leur cœur quelque ambition suprême? Les destinées vulgaires n'ont pas d'horoscope; mais César avait plus d'une fois consulté les prophétesses des Gaules avant de passer le Rubicon! (Il s'approche de la muraille du fond, ouvre une porte basse et masquée, et, après avoir jeté autour de lui un coup d'œil inquiet, appelle d'une voix sourde:) Alasco! Démétrius Alasco!... (Un petit vieillard descend un escalier étroit et obscur, et paraît. Il est vêtu d'une robe grise flottante. Il a la tête chauve, la barbe blanche et les sourcils noirs.)

SCÈNE III

LEICESTER, ALASCO.

ALASCO.

Me voici à vos ordres, milord.

LEICESTER, lui montrant le parchemin.

Vieillard, sais-tu que tu as exprimé là de bien audacieux rêves? Le ciel, cette nuit, était sans nuages, et tu as pu y lire comme dans un livre ouvert. Les astres, n'est-ce pas, ne t'ont point confirmé ces prédictions téméraires?

ALASCO.

J'ai revu, au contraire, dans votre étoile, mon fils, ce qu'elle m'avait déjà révélé. Comte de Leicester, ton ambition est grande, mais ta fortune sera plus grande encore.

LEICESTER.

Donc tu aurais vraiment entrevu dans l'ombre de ma destinée?...

ALASCO.

Dois-je le répéter?... Un trône. Et quel trône? Le premier du monde!

LEICESTER.

Vieillard, pèses-tu tes paroles?

ALASCO.

Vous demandez la vérité, milord. Je sais qu'il n'est pas toujours prudent de la dire à ceux qui sont les maîtres de la terre... (En ce moment, le regard de Leicester rencontre l'œil faux et perçant d'Alasco fixé sur lui. Le comte met vivement la main à son poignard.)

LEICESTER.

Misérable ! tu me trompes ! De par la foi de mes aïeux, tu te joues de moi ! Tu vas me payer cher ton impudente raillerie.

ALASCO.

Il ne raille pas, celui qui a l'œil sur le ciel et le pied sur la tombe ! Mon fils, écoutez. C'est aujourd'hui pleine lune rousse dans le grand arc chaldéen. Il m'a été annoncé que, ce jour-là, votre indigne serviteur courrait un danger mortel, mais qu'il en sortirait sain et sauf. Je suis vieux, faible et sans défense, et vous êtes jeune, fort et armé ; mais j'aurai plus de confiance que vous dans la double prédiction : votre étoile n'a pas menti, et vous ne me tuerez pas.

LEICESTER.

Oh ! une preuve ! une preuve !... La preuve que je ne suis pas la dupe d'un imposteur !...

ALASCO.

La preuve ?... C'est qu'en vous prédisant ce royal avenir, je n'ignore cependant pas quels obstacles lui oppose le passé.

LEICESTER.

Comment ! quels obstacles ? Que veux-tu dire ? Qui t'a dit ?...

ALASCO.

Souvenez-vous, mon fils, que vous m'avez fait prendre hier comme une bête fauve dans ma retraite ignorée ; qu'une voiture fermée à tous les regards m'a conduit à ce donjon isolé de toutes les demeures des hommes ; que nulle parole vivante n'a frappé mon oreille depuis vingt-quatre heures ; que, privé d'aliments et de sommeil, comme le prescrit la loi cabalistique, j'ai, cette nuit, du fond de cette étroite tourelle, étudié pour vous, de mes sombres yeux, le livre qui n'a point de pages. Maintenant, interrogez-vous, et cherchez si quelque moyen humain a pu m'apprendre que cette ruine n'est point déserte, comme on le croit, et qu'elle cache au monde une habitante...

LEICESTER.

Dieu ! arrêtez ! silence ! — Il a raison. Comment a-t-il pu savoir ?...

ALASCO.

(Il tire un parchemin de son sein et paraît le considérer attentivement.) L'irrégularité des zones stellaires indique que la naissance de la jeune fille, bien qu'honorable, est inférieure au rang du noble comte. Néanmoins, le croisement des lignes annonce un légitime mariage, lequel est tenu secret, comme le prouve le voisinage de la nébuleuse Chormith. Mais ce mariage ne peut manquer de se dissoudre ; car la pâle étoile de la jeune lady disparaîtra dans la chevelure de la grande comète méridionale, laquelle entraîne dans son tourbillon le bel astre du glorieux comte, et représente...

LEICESTER.

Et représente?... Achève, malheureux! achève!

ALASCO.

Votre seigneurie l'exige?

LEICESTER.

Hâte-toi, je l'ordonne.

ALASCO.

Je ne suis qu'un vieillard impuissant; ce que dit ma bouche n'a point été conçu dans mon esprit.

LEICESTER.

Parle donc ! parleras-tu?...

ALASCO.

La grande comète couronnée représente une haute et souveraine dame, qui doit venir du sud...

LEICESTER.

Que dit-il ? Vieillard, que caches-tu sous ces mystérieuses paroles? Quelle est, quelle est, dis-moi, cette personne souveraine?

ALASCO.

Le comte de Leicester n'est point ignorant des

ACTE I, SCÈNE III.

signes héraldiques, il saura la connaître à sa couronne.

LEICESTER.

Puissances célestes !

ALASCO.

La souveraine apporte ici dans son cœur une tendresse vague... qui pourra devenir plus claire et plus forte... Et peut-être... Qu'est-ce que l'amour devant l'ambition ? On ne refuse pas une main qui donne un sceptre... Le maître de ce château n'est point accoutumé à s'arrêter dans la carrière des grandeurs...

LEICESTER, éperdu.

Assez, vieillard ! assez ! Vous me parlez de l'avenir, et votre voix trouble mon âme, comme si c'était la voix du remords !

ALASCO.

Si votre seigneurie...

LEICESTER.

Assez, te dis-je ! (Après un silence.) — Alasco, si tu tiens à la vie, aie ceci toujours présent que, lorsqu'on peut tout savoir, il faut savoir aussi tout taire. Je récompenserai généreusement tes paroles, mais ton silence plus généreusement encore. (Il lui jette une bourse d'or.)

Rentre Varney, suivi d'un valet portant un panier où l'on aperçoit des provisions de bouche. Le valet pose le panier sur un meuble et sort.

SCÈNE IV

LEICESTER, ALASCO, VARNEY.

VARNEY.

Vos ordres sont exécutés, milord. Le château de Kenilworth est prêt à recevoir sa majesté la reine.

LEICESTER.

Bien. Je vais maintenant m'apprêter moi-même. Je reviendrai tout à l'heure ici pour accomplir un gracieux souhait que m'a exprimé la dame de céans. — Vous, Varney, prenez soin d'Alasco. Ayez pour lui les égards dus à son âge et à son savoir.
(Varney s'incline. Leicester sort.)

SCÈNE V

ALASCO, VARNEY.

VARNEY, regardant Alasco en riant.

Eh bien, vieux fils d'enfer, mon maître et le tien est donc ta dupe? Le lion royal de l'Angleterre s'est pris à tes pièges, renard?

ALASCO.

Vous pourriez, mon fils, vous exprimer plus dignement. Si ma science...

ACTE I, SCÈNE V.

VARNEY, l'interrompant.

Ta science !... Allons ! jette le masque avec moi, qui connais la face ! Oseras-tu me dire que tu as véritablement lu dans les astres les surprenantes révélations que tu viens de faire au comte ?

ALASCO.

Du moins, des moyens mystérieux...

VARNEY.

Oui, oui, un parchemin qu'un rapide et furtif émissaire à moi t'a glissé dans la main, hier soir, à ton arrivée.

ALASCO.

Ah ! il venait de votre part, ce jeune homme qui m'a parlé bas dans l'obscurité ? Qui donc était-ce ? Sa voix ne m'était pas inconnue.

VARNEY.

C'est un page que le diable a mis à mon service. Enfin, tu as su profiter des avis qu'il t'apportait.

ALASCO.

Pourquoi pas ? puisqu'ils m'épargnaient un temps précieux, plus utilement réservé à l'observation de la nature occulte, à la conquête de la science universelle. Encore un pas, et j'aurai pénétré jusqu'au fond du laboratoire de la création, et je tiendrai dans mes mains la semence de l'or ! et ce sera mon tour, entends-tu, d'être ton maître, insolent favori du favori !

VARNEY.

Là ! là ! monsieur Alasco, ne nous brouillons pas ! Je crois tellement à votre science, voyez-vous, que, si je perdais vos bonnes grâces, je ne me nourrirais pendant trois mois que d'œufs frais.

ALASCO.

Présomptueux ! mes philtres ! mes breuvages ! crois-tu que je les perdrais sur toi ? Crois-tu que je dépenserais pour ta misérable vie ces quintessences sublimes des végétaux les plus rares, des minéraux les plus purs, où se concentrent tant d'éléments précieux que le domaine d'un Leicester n'en payerait pas une fiole ? Sois tranquille, Varney ! quoiqu'on puisse certes extraire de ton corps plus de venin que d'une vipère, tu ne vaux pas une goutte de mes poisons.

VARNEY.

Voilà ce que jusqu'ici tu m'as dit de plus rassurant.

ALASCO.

Et quant à pénétrer sans toi les secrets de ton maître, si je m'en étais donné la peine, la chose ne m'eût pas été plus difficile que pour les secrets à toi, Richard Varney !

VARNEY.

Mes secrets ? Il n'est pas malaisé, en effet, de les connaître ; je n'en ai pas.

ACTE I, SCÈNE V.

ALASCO.

En vérité? — Ce mariage clandestin de Leicester que tu as tant à cœur de rompre, — c'est par intérêt pour lui, dis-tu? c'est pour qu'il ne s'arrête pas dans son éclatante carrière?...

VARNEY.

Allons, et peut-être aussi un peu pour échanger la livrée d'écuyer d'un gentilhomme contre le manteau d'écuyer d'un roi.

ALASCO.

Est-ce pour cela seulement, subtil Varney? — C'est sous ton couvert que le brillant comte de Leicester a été introduit près de la belle Amy Robsart; c'est en s'abritant derrière toi que, voulant la séduire et séduit par elle, il a fait d'Amy sa femme. Pour le vieux chevalier Hugh Robsart, l'homme qui a enlevé sa fille, ce n'est pas Dudley, c'est Varney.

VARNEY.

Ces secrets-là, pénétrant Alasco, tu les as entendus de ma bouche.

ALASCO.

Oui, mais il en est d'autres que j'ai lus dans tes yeux. Tu as pris la comédie au sérieux, mon maître; tu aimes d'amour Amy Robsart.

VARNEY, avec un rire forcé.

Moi! ah! par exemple!

ALASCO, insistant.

Tu aimes d'amour Amy Rôbsart! et, si tu tiens à la séparer du comte, c'est dans l'espoir qu'un jour elle pourra être à l'écuyer.

VARNEY.

Silence!... Qui a pu vous dire? Ce n'est pas la comtesse; elle est trop fière!...

ALASCO.

Ton trouble me prouve que je ne me suis pas trompé. Si le comte apprenait de quelle manière son écuyer abuse de sa confiance?...

VARNEY.

Si le comte savait de quelle manière son astrologue se joue de sa crédulité?... Allons! allons! croyez-moi, Alasco, restons bons amis! Pour tous deux, c'est le plus sûr. (Se rapprochant de lui.) Écoutez. Votre laboratoire de Pelham a éclaté un matin comme un cratère de l'enfer. Vous savez que, dans le domaine de Cumnor, nous en avons un dix fois plus beau, où vous trouveriez des fourneaux et des boules étoilées qu'y a laissés l'ancien prieur, et où vous pourriez fondre, amalgamer, multiplier, souffler, calciner, vaporiser, volatiliser tout à votre aise, jusqu'à ce que le dragon vert se change en oie dorée...

ALASCO.

Bon! et pour entrer en possession du bel atelier, quel serait l'ordre?

VARNEY.

Faire ce que je dirai, taire ce que je ferai.

ALASCO.

Soit. Mais, avant tout, répondez, est-ce qu'on va me garder longtemps captif dans cette tourelle abandonnée? Je n'aime pas à rester ainsi seul, la nuit, avec les chouettes et les orfraies.

VARNEY.

Qu'est-ce à dire? Le sorcier aurait-il peur comme un enfant dans la solitude et dans l'obscurité? Tu ne fais pas encore de l'or, Alasco, et tu ne crains pas les voleurs. Quant aux démons, ils te doivent au moins de te laisser tranquille en ce monde.

ALASCO.

Il n'y a pas que ce monde, il y a l'autre! et, cette nuit même, j'ai vu...

VARNEY.

Quoi donc? Ton patron Satan, muni de ses cornes longues de douze coudées et de sa queue, qui fait autant de tours sur elle-même que l'escalier en spirale du vieux clocher de Saint-Paul de Londres?

ALASCO.

Ne ris pas, Varney, et parle plus bas. Oui, cette nuit, à minuit, j'ai vu un spectre.

VARNEY.

Me prends-tu pour Leicester, Alasco?

ALASCO.

Parle bas, te dis-je ! Varney, j'ai eu, dans ces temps derniers, un disciple, un élève...

VARNEY.

Oui, un compère.

ALASCO.

Silence donc !... C'était un être bizarre, capricieux et malin ; l'esprit d'un diable, l'agilité d'un sylphe ; ressemblant plutôt à un enfant qu'à un homme, plutôt à un lutin qu'à un enfant. Il se nommait Flibbertigibbet.

VARNEY.

Vrai nom de lutin, en effet.

ALASCO.

Il avait l'œil fureteur et l'esprit pénétrant ; il s'était rendu maître de certains de mes secrets...

VARNEY.

L'imprudent !

ALASCO.

Il fallut me séparer de lui. Je quittai Pelham, laissant à sa disposition mon laboratoire, mes alambics, mon fourneau... Mais, dans un compartiment caché de ce fourneau, n'avais-je pas oublié un petit baril de poudre !

VARNEY.

Ingénieuse négligence !

ALASCO.

J'apprenais, deux jours après, l'explosion du laboratoire. Mon pauvre élève y avait sûrement trouvé la mort.

VARNEY.

Le pauvre élève emportait du moins tes secrets dans sa tombe.

ALASCO.

Oui, mais il les en rapporte! Varney, c'est lui, c'est son fantôme qui m'est apparu cette nuit sous l'ogive de la tourelle!

VARNEY.

Est-il possible! et que t'a-t-il dit?

ALASCO.

Des choses terribles, des choses que l'enfer, la mort et lui pouvaient seuls savoir. Il m'a reproché, avec un rire affreux, ce qu'il nommait son assassinat. J'étais, moi, à demi évanoui de terreur...

VARNEY.

Et sous quelle forme se présentait l'ombre de Flibbertigibbet?

ALASCO.

Sous la forme d'un jeune démon couleur feu, ayant, aux rayons de la lune, comme un scintillement phosphorescent au bout de ses cornes noires.

VARNEY, à part.

Vous verrez que ce sera mon enragé petit baladin !

ALASCO.

Eh bien, Richard, que dites-vous de cette vision étrange ?

VARNEY.

Mais n'est-ce pas un rêve plutôt qu'une vision ?

ALASCO, hochant la tête.

Non, non, Varney ! les puissances infernales se mêlent de nos affaires. Prenons garde à nous !

VARNEY.

Raison de plus, mon cher, pour que nous soyons unis ! Alasco, il ne dépend pas de moi de te rendre sur-le-champ la liberté ; mais je puis, sous main, la conseiller à Leicester. Aide-moi et je t'aiderai. Le comte va revenir, il ne faut pas qu'il nous retrouve ensemble. Garde fidèlement l'alliance entre nous, j'agirai de même. Est-ce dit ?

ALASCO.

C'est dit. (Ils se donnent la main.)

VARNEY.

Sur ce, mon cher Alasco, adieu ! (A part.) Au diable, empoisonneur infâme !

ACTE I, SCÈNE VI.

ALASCO.

Au revoir donc, mon cher Varney! (A part.) La foudre t'écrase, abominable scélérat!

(Sort Varney.)

SCÈNE VI

ALASCO seul, puis FLIBBERTIGIBBET.

ALASCO.

Cet homme n'a pas de conscience : il ne croit seulement pas à l'enfer.

Tout à coup une voix perçante appelle en dehors de la salle.

LA VOIX.

Doboobius!

ALASCO, tressaillant.

Dieu! qui m'appelle sous ce nom?

LA VOIX.

Docteur Doboobius!

ALASCO.

O ciel! c'est le nom sous lequel je suis proscrit! Et c'est encore la voix de Flibbertigibbet!

LA VOIX.

C'est Flibbertigibbet lui-même.

ALASCO, cachant son visage dans ses mains.

Eh quoi! en plein jour maintenant! Grâce! grâce!

LA VOIX.

Grâce?... A une condition.

ALASCO.

Laquelle? Parle! que veux-tu? (Flibbertigibbet saute par la croisée ouverte et paraît; costume de diable, couleur feu.)

FLIBBERTIGIBBET, montrant le panier de provisions.

Je veux?... je veux un morceau de ce pain, un coup de ce vin.

ALASCO, relevant la tête avec surprise.

Quel langage pour une ombre! (Il considère Flibbertigibbet, qui a ouvert le panier et en a retiré un flacon, et du pain qu'il mange avidement.) Mais tu n'es donc pas mort?

FLIBBERTIGIBBET, mangeant.

Si fait vraiment, de faim et de soif.

ALASCO, le touchant.

Mais c'est qu'il est réellement vivant, ce pauvre Flibbertigibbet!

FLIBBERTIGIBBET.

Ce n'est pas ta faute, hein, mon bon patron? Et je n'aurais pas mieux demandé que de te faire, à mon tour, mourir de peur. Mais il y avait bientôt dix-huit heures que le spectre n'avait mangé, et son jeune appétit ne pouvait plus attendre. Il faut que tout le monde vive, même les fantômes.

ALASCO, à part.

Vivant!... Je ne sais si je ne l'aimais pas mieux

revenant! (Haut.) Tu as donc échappé à l'explosion?
Par quel miracle?

FLIBBERTIGIBBET.

Ce n'est nullement par miracle, c'est par adresse.
J'ai su découvrir votre mine, cher maître, et,
quand elle a sauté, j'avais eu soin d'être dehors.

ALASCO.

Je te jure, enfant...

FLIBBERTIGIBBET.

Laissez donc là vos serments; je vous connais.
Je connais, de plus, vos secrets; ce qui fait que
vous me craignez — et que je ne vous crains pas.

ALASCO, à part.

Maudit petit drôle! (Haut.) Cher Flibbertigibbet,
laissons le passé!... Je t'assure que je me réjouis
sincèrement de te retrouver en vie. Mais réponds à
mes questions. Comment es-tu ici?

FLIBBERTIGIBBET.

J'y suis censément pour servir les obscurs des-
seins de votre complice Varney sur la mystérieuse
dame qui y vit cachée. Ce Varney! encore un dans
le jeu duquel je commence à voir clair.

ALASCO.

Mais quel est, dis-moi, ce bizarre déguisement?

FLIBBERTIGIBBET.

L'état de sorcier était trop dangereux. Je suis

devenu comédien. Je fais partie de la troupe qui doit figurer aux fêtes que le comte de Leicester donne à la reine. Je joue les diables et les lutins dans les mascarades de Shakespeare et de Marlowe, et je porte le costume de mon emploi pour me distinguer parmi les gentilshommes.

ALASCO, à part.

Le singe! (Haut.) Es-tu content au moins de ton nouveau métier?

FLIBBERTIGIBBET.

Hum! pas trop! Je m'ennuie à répéter toujours les mêmes phrases, à faire les mêmes grimaces. De nature, je suis curieux, et j'aime à être libre. Je voudrais jouer un vrai rôle et me mêler à une vraie intrigue. J'en flaire une ici, qui me paraît assez ténébreuse et fort intéressante; et c'est pourquoi je n'ai pas rejeté les propositions de votre Varney, tout en me promettant de n'y prendre que la part qui me conviendrait.

ALASCO.

Eh bien, veux-tu revenir avec moi?

FLIBBERTIGIBBET.

Pourquoi pas? Mais avec les mêmes réserves et précautions, je vous le déclare.

ALASCO.

Comme tu voudras. Je désirerais moi-même en savoir, sur la mystérieuse dame, comme tu l'appelles, et sur milord Leicester, plus que Varney ne veut m'en dire.

FLIBBERTIGIBBET.

Oui, pour vous aider dans vos horoscopes, je comprends.

ALASCO.

Le comte et la dame vont venir ici sous peu d'instants. Si tu pouvais...

FLIBBERTIGIBBET.

Écouter ce qu'ils se diront et vous le redire? A merveille! Je serai charmé, pour mon compte, d'entendre le dialogue de la colombe et du faucon.

ALASCO, regardant autour de lui.

Il faudrait pouvoir te blottir quelque part...

FLIBBERTIGIBBET.

Hé! voilà un banc seigneurial qui a l'air d'être placé là tout exprès.

ALASCO.

Eh bien, dépêche-toi, j'entends venir quelqu'un. (Il aide Flibbertigibbet à se tapir sous le grand fauteuil. A part.) Si on pouvait le surprendre là, et le pendre aux gouttières du château! Quel débarras!

FLIBBERTIGIBBET, sous le banc.

On vient. Rentrez, docteur Doboobius.

ALASCO.

Ne m'appelle pas de ce nom.

FLIBBERTIGIBBET.

Bon! le serpent a fait peau neuve. (Alasco rentre dans la tourelle.)

SCÈNE VII

LEICESTER, enveloppé d'un manteau, AMY, FLIBBERTI-GIBBET caché. La comtesse entre, appuyée au bras du comte.

AMY.

Que vous êtes bon, mon cher seigneur, d'avoir tenu votre promesse, d'avoir cédé à ma fantaisie, et d'être venu, avant de vous présenter à la reine, vous montrer à votre recluse dans votre costume de prince! Permettez que j'ôte moi-même votre manteau.

LEICESTER, souriant.

Vous êtes donc comme les autres femmes, Amy? La soie, les diamants, les plumes, sont plus pour elles que l'homme qu'ils parent. (Il lutte doucement contre la comtesse, qui enlève le manteau et laisse voir le comte revêtu de son grand costume et chargé de tous ses ordres. Il est vêtu tout en blanc, chausses de mailles de soie blanche, pourpoint de satin blanc, ceinture de cuir blanc brodé en argent, manteau de velours blanc brodé en argent et décoré de l'étoile de la Jarretière.)

AMY.

Amy vous a prouvé, je crois, cher comte, qu'elle ne peut pas aimer le grand personnage que décèle ce costume éclatant plus que l'inconnu qui, annoncé par le son du cor, venait à elle, sous un simple manteau brun, dans les bois de Devon.

LEICESTER.

Tu dis vrai, chère bien-aimée.

AMY.

Maintenant, mon lord, asseyez-vous là, comme un être devant qui tous les autres doivent s'incliner. (Elle conduit le comte au grand fauteuil. Il s'y assied.)

LEICESTER.

Mais viens prendre aussi ta place près de moi.

AMY, s'asseyant sur un carreau devant le comte.

J'y suis.

LEICESTER.

Ta place est à mon côté.

AMY.

Non, à tes pieds. Laisse-moi là, mon cher lord ; j'y suis mieux, j'y suis bien. (Le contemplant.) Que vous êtes élégant et magnifique ainsi, monseigneur !... — Quelle est cette courroie brodée qui entoure votre genou ?

LEICESTER, souriant.

Cette courroie brodée, comme tu la nommes, est cette jarretière anglaise que le roi est fier de porter. Vois, ici est l'étoile qui lui appartient, et le diamant George, le bijou de l'ordre. Tu as entendu conter comme le roi Édouard et lady Salisbury...

AMY, souriant et baissant les yeux.

Oui, je sais..., je sais comment de la jarretière d'une dame le roi Édouard fit la première décoration de la chevalerie d'Angleterre.

LEICESTER.

C'est avec le duc de Norfolk, le marquis de Northampton et le duc de Ruthland que j'eus l'honneur de recevoir cet ordre. J'étais moins élevé en dignité que ces trois nobles seigneurs, mais celui qui veut monter ne doit-il pas commencer par le premier échelon?

AMY.

Et qu'est-ce que ce beau collier, si richement travaillé, qui supporte un bijou semblable à un mouton suspendu?

LEICESTER.

C'est l'insigne d'un ordre vénéré qui jadis appartenait à la maison de Bourgogne, l'ordre de la Toison d'or. Les plus belles prérogatives y sont attachées; le roi d'Espagne lui-même, héritier de la maison de Bourgogne, ne peut, sans l'assistance et le consentement du grand chapitre, juger un chevalier de l'ordre.

AMY.

Et cet autre collier si brillant, à quel pays appartient-il?

LEICESTER.

C'est l'ordre de Saint-André, rétabli par Jacques,

le dernier roi d'Écosse. Il me fut conféré à l'époque où l'on croyait que la jeune douairière de France et d'Écosse, cette infortunée Marie Stuart, ne refuserait pas d'épouser un baron anglais. — Mais ne vaut-il pas mieux être un libre seigneur d'Angleterre que de partager avec une femme ce triste royaume des rochers du nord?

AMY.

Je pense comme mon noble Leicester. J'aurais, quant à moi, toujours préféré la main de Dudley à celle de tous les souverains de la terre.

LEICESTER, à part.

Hélas!

AMY.

Qu'as-tu, milord? est-ce que tu crois que l'amour d'une reine serait plus tendre et plus ardent que l'amour de ton Amy?

LEICESTER, la baisant au front.

Non, oh non! et rien ne t'arrachera de mes bras, rien! ma femme! ma femme bien-aimée!

AMY.

Ta femme, oui. C'est bien légitimement que la fille d'un obscur gentilhomme campagnard est pressée sur ce sein glorieux, chargé des insignes de toutes les illustres chevaleries de l'Europe. Mais quand donc serai-je ta femme pour tous, comme je le suis pour Dieu et pour toi?

LEICESTER.

Le plus tôt qu'il me sera possible, chère enfant. (Il se lève.) Mais voilà ton souhait rempli, et, malgré tout mon bonheur près de toi, il faut que je te dise adieu.

AMY.

Un moment, mon cher seigneur, un moment encore! Quand je te demande de me nommer ta femme devant tous, tu ne m'accuses pas, j'espère, de gloriole et de vanité... Et pourtant comment ne serais-je pas fière d'être reconnue pour l'épouse légitime du plus illustre lord de l'Angleterre! Mais je pense surtout, Dudley, à mon malheureux père. Que dit-il en ce moment? que fait-il? Quelle désolation pour lui le jour où il s'est levé sans recevoir à son réveil le baiser accoutumé de son enfant! Mon pauvre père! A-t-il cru, a-t-il pu croire que c'était ce Varney, votre écuyer, qui m'avait séduite, qui m'avait enlevée?... ah! cette idée m'est insupportable! Il ne te connaît pas, mon Leicester, et si, dans sa pensée, il n'avait pu abaisser sa fille jusqu'à Varney, jamais aussi il n'avait pu l'élever jusqu'à toi. Mon bien-aimé, relève-moi de mon serment, permets-moi enfin de courir à lui, de le détromper, de rendre à ce vieillard sa fille chérie et de la lui rendre épouse du glorieux comte de Leicester.

LEICESTER.

Un jour, oui, un jour, Amy, ce vœu aussi sera réalisé. Crois-moi, tu ne peux aspirer à ce jour plus ardemment que moi. Quelle joie quand je pourrai consoler les vieux ans de ton père, et, rejetant les fatigues et les soucis de l'ambition, passer tous mes jours à tes pieds, aux pieds de la femme la plus adorable et la plus adorée ! Hélas ! maintenant il faut encore attendre et se contenter d'espérer.

AMY.

Mais pourquoi? mais qui donc l'entrave, cette union que vous désirez, dites-vous, et que commandent à la fois les lois divines et les lois humaines? Ah ! si vous la souhaitiez seulement un peu, rien n'oserait s'y opposer; car jamais une puissance plus grande n'aurait servi une plus juste volonté.

LEICESTER.

Il vous est facile de parler ainsi, Amy ! vous ne connaissez pas la cour, les exigences du rang, les devoirs de la puissance ! Et vous me faites de telles demandes le jour même où je voulais vous recommander de vous tenir cachée plus étroitement que jamais. — Ne savez-vous pas que c'est aujourd'hui, tout à l'heure, que dans ce château je reçois la reine?

AMY.

La reine?... Eh bien, quelle occasion meilleure de lui déclarer votre mariage?

LEICESTER.

Que dites-vous, malheureuse enfant? Vous ignorez à quoi tient la faveur royale, si capricieuse et si éphémère? Cette déclaration nous perdrait tous deux. Confie-toi à moi, ma bien-aimée Amy. Un temps plus heureux viendra, et, s'il ne vient, je saurai l'amener. En attendant, ne gâte pas ces adieux par une prière que ton intérêt même me défend de satisfaire. (Il se lève pour embrasser Amy et repousse le fauteuil, qui recule brusquement et laisse Flibbertigibbet à découvert.)

LEICESTER, apercevant Flibbertigibbet.

Qu'est cela ? (Il s'arrache des bras d'Amy étonnée et se précipite sur le lutin.) Que fait là ce drôle ?

FLIBBERTIGIBBET, levant hardiment la tête.

Vous le voyez, gracieux seigneur, j'assistais incognito, comme le jaloux Odragonal, aux entretiens du beau Mérandre et de la belle Indamira. J'écoutais.

LEICESTER.

Oui ? eh bien, tu auras écouté aux dépens de tes oreilles !

FLIBBERTIGIBBET.

C'est probable.

LEICESTER.

Qui es-tu ?

FLIBBERTIGIBBET.

Ce qu'il vous plaira. Un mort ou un vivant. Un mort, si tel est le bon plaisir de votre poignard ; sinon, un vivant, et un vivant qui aime mieux la fin d'un repas que le commencement d'une dispute.

LEICESTER.

Impudent railleur! Tu joues avec la corde de ton gibet.

FLIBBERTIGIBBET.

Faute de la pouvoir couper.

LEICESTER, violemment agité.

C'est quelque émissaire de lord Sussex et de mes ennemis. Va, ton audace sera punie, à faire trembler tous les pareils.

FLIBBERTIGIBBET.

Ils sont rares. Milord comte, vous pouvez faire de moi trois choses, à votre choix : comme voleur, me pendre à la plus haute branche de la forêt; comme espion, me clouer à la grande porte du château; comme sorcier, me renvoyer à l'enfer dans la flamme...

LEICESTER.

L'effronterie est peu commune! Il faut pourtant que je sache qui l'avait aposté là. Écoute, maraud; tu as mérité tous ces supplices, et plus encore. Eh bien, tu peux les éviter et obtenir merci en me disant de qui tu es ici le misérable instrument.

FLIBBERTIGIBBET.

Pour sauver ma vie? ce serait une lâcheté.

LEICESTER.

Je puis pour toi plus encore que te donner la vie.

4

On te paye sans doute pour faire ce métier d'espion ; dis-moi combien, et, si tu ajoutes qui, je te donnerai le centuple de ce qui t'est promis. Révèle-moi cette misérable intrigue...

FLIBBERTIGIBBET.

Pour faire ma fortune ? ce serait une bassesse.

LEICESTER.

Quoi ! menaces et promesses ne peuvent rien sur toi. La force aura peut-être plus d'effet. Qui t'a fait cacher là ? dis-le-moi ! sinon...

FLIBBERTIGIBBET.

Je me soucie de vous le dire ou de vous le taire comme des sept branches de la lampe merveilleuse ; et, si vous l'aviez demandé autrement, je vous aurais probablement répondu ; celui qui m'a jeté dans ce mauvais pas étant un vil intrigant que j'eusse été ravi de punir. Seulement, haut et puissant seigneur, me taire étant la seule supériorité qui me reste devant vous, je ne vois pas pourquoi j'y renoncerais.

LEICESTER.

Ah ! c'est trop ! (Il tire son poignard.) Traître, tu vas mourir !

FLIBBERTIGIBBET.

Bon ! le secret mourra donc avec moi.

AMY, retenant avec effroi le bras du comte.

Milord ! mon Dudley ! qu'allez-vous faire ? Terminer notre douce causerie d'amour par un meurtre !

ACTE I, SCÈNE VII.

LEICESTER, le poignard levé.

Oui, afin qu'elle ne se termine pas par une catastrophe plus sinistre encore.

AMY.

Ah! grâce pour ce malheureux, milord!

FLIBBERTIGIBBET, à part.

Elle est adorable!

LEICESTER.

Amy, ne me retenez pas! ce misérable est un espion!

AMY.

Non, milord! Voyez cet accoutrement ridicule. C'est quelque baladin, ou tout au plus un fou.

FLIBBERTIGIBBET.

C'est cela, défendez-moi, noble dame! Il y a une parenté entre nous; je suis fou comme la lune, et vous êtes belle comme le soleil.

AMY, souriant.

Vous voyez bien qu'il est insensé! Allons, milord, poignarderez-vous sous les yeux de votre Amy ce malheureux sans défense? Grâce! pitié! Je réclame de votre chevalerie la merci des dames. Accordez-moi cette pauvre vie. Allons! allons! (Elle prend le poignard des mains du comte qui la regarde en souriant et ne lui oppose qu'une faible résistance.) donnez ce vilain poignard, monsieur, et qu'il cesse d'occuper une place près d'un cœur qui est tout à moi. (Elle jette la dague par la fenêtre ouverte.)

FLIBBERTIGIBBET.

Vilain poignard! peste! une vraie dague de Tolède, damasquinée en or!

LEICESTER.

Vous êtes une enfant, Amy! en épargnant cette vie, vous exposez peut-être la vôtre et la mienne.

AMY, vivement.

Ne le croyez pas! un acte de clémence ne saurait porter malheur. D'ailleurs, comment le sort de l'aigle pourrait-il dépendre de...

FLIBBERTIGIBBET.

De la chauve-souris. Laissez-moi choisir moi-même l'animal.

AMY.

Allons, milord, qu'il ne soit pas dit que vous m'ayez tout refusé aujourd'hui. (Leicester la serre dans ses bras. Elle se tourne vivement vers le lutin.) Tu as la grâce.

LEICESTER.

Oui, drôle, mais non la liberté. Je dois m'assurer de toi, en attendant que je sache qui tu es.

FLIBBERTIGIBBET.

Vous le voyez, un diable, beau sire; mais un pauvre diable, et un bon diable.

LEICESTER, appelant.

Holà, Varney! Foster! Jeannette! Quelqu'un!

SCÈNE VIII

Les Mêmes, VARNEY; FOSTER, pourpoint de velours et bas jaunes; JEANNETTE. Ils accourent en tumulte.

VARNEY.

Que veut milord? (Apercevant Flibbertigibbet. A part.) Mon petit traître de comédien! Que signifie?...

LEICESTER.

Foster? vous faites bien négligemment votre service. Qui a laissé entrer cela?

FLIBBERTIGIBBET.

Ne grondez pas ce lourdaud, seigneur. J'ai fait ici mon entrée à la manière de nous autres diables, par le trou de la serrure.

VARNEY, à part.

Je respire! il ne m'a point vendu!

LEICESTER.

Qu'on mette cet arlequin dans la prison du château.

FOSTER.

Dans la tour des oubliettes, milord; c'est entendu. D'où viens-tu donc, démon aux crins rouges?

FLIBBERTIGIBBET, riant et regardant le costume du concierge.

Des marais, — où j'ai appris l'art d'attraper des oies aux larges pattes jaunes. (Foster le menace du doigt.)

LEICESTER.

Qu'on tienne ce prisonnier étroitement renfermé. Qu'il ne puisse communiquer avec personne, mais qu'il ne manque de rien et qu'on ne lui fasse pas de mal. Allez. (Varney et Foster veulent mettre la main sur Flibbertigibbet. Il se dégage.)

FLIBBERTIGIBBET.

Un moment, mes maîtres. (Il vient s'agenouiller devant Amy.) Vous êtes si bonne que vous pourriez vous passer d'être si belle. Le lutin vous doit la vie, madame; il espère pouvoir vous payer sa dette. (Varney et Foster l'entraînent et sortent.)

AMY.

Vous voyez bien qu'il est plus fou que méchant.

LEICESTER.

Ah! j'ai je ne sais quel pressentiment... La solitude de cette demeure est violée. C'est le point noir, présage de la tempête. Adieu, Amy. Je te laisse avec Jeannette.

AMY.

Vous reverrai-je aujourd'hui, milord?

LEICESTER.

Les devoirs que m'impose la présence de la reine ne le permettront pas. Mais demain, quand tu entendras la grosse cloche du château sonner le retour d'Élisabeth dans ses appartements, je profiterai de ce moment de répit.

AMY.

Elle est bien heureuse, la reine! elle vous possède plus que votre femme. (Leicester soupire profondément, l'embrasse, la quitte et revient encore.)

LEICESTER.

Adieu! adieu! (Il sort.)

SCÈNE IX

AMY, JEANNETTE.

JEANNETTE.

Oh! milady, si vous saviez!...

AMY.

Quoi?

JEANNETTE.

Dans l'autre partie du château, il y a foule et tumulte d'hommes et de chevaux; on entend des bruits d'instruments; on prépare de belles fêtes, et nous ne les verrons pas; on dit que la reine va venir, et nous ne la verrons pas.

AMY.

Eh bien, je sais tout cela. Dans cette fête, ce n'est pas la reine que je voudrais être libre de voir.

JEANNETTE.

Ah! vous savez? Alors milady sait peut-être aussi?...

AMY.

Quoi encore?

JEANNETTE.

Ce que c'est que ce vieillard qui, comme vous, paraît se soucier peu de la fête et qui se borne à rôder continuellement autour de ce château.

AMY, vivement.

Comment! quel vieillard?

JEANNETTE.

Un grand vieillard à la barbe blanche et bien vénérable; on le voit souvent marcher sur la hauteur qui domine cette ruine. Il s'assied parmi les broussailles et cache sa tête dans ses mains, ou la lève vers la tour comme un chasseur qui attend que l'oiseau s'envole.

AMY.

Et sait-on quel est ce vieillard? d'où il vient? ce qu'il veut?

JEANNETTE.

Non. Foster craint que ce ne soit un espion de ce lord Sussex et a délibéré s'il ne prendrait pas quelque moyen expéditif de s'en débarrasser.

AMY.

Jeannette! sur sa tête, défends-lui de tourmenter ce vieillard! — Dis-moi, d'où pourrais-je le voir?

JEANNETTE, regardant vers la fenêtre ouverte.

Eh! tenez, regardez, milady! le voilà là-bas, le voilà qui passe sur la colline!

AMY, regardant à son tour.

Dieu du ciel! c'est mon père!

ACTE DEUXIÈME

La grande salle du château de Kenilworth.

SCÈNE PREMIÈRE

ÉLISABETH, LEICESTER.

ÉLISABETH.

Oui, milord, oui, mon cher hôte, il le faut ! il faut aujourd'hui même, tout à l'heure, vous réconcilier avec lord Sussex. N'oubliez pas que c'est le prétexte de notre visite à Kenilworth. C'est aussi le prétexte de cet entretien particulier, que j'ai été heureuse de vous accorder. Ainsi, c'est dit, réconciliation.

LEICESTER, s'inclinant.

Votre majesté...

ÉLISABETH.

C'est bien. Cela suffit. C'est tout ce que je demande. Parlons maintenant d'autre chose. —

Savez-vous bien, milord, que ce domaine ne le cède en rien à nos domaines de Windsor ! Et la réception que vous nous y faites est digne d'un duc et pair, digne même... d'un roi.

LEICESTER, à part.

D'un roi !... (Haut et s'inclinant profondément.) Tout ce que votre majesté daigne honorer d'un coup d'œil indulgent est dû à votre majesté, et je ne fais, en le mettant à vos pieds, madame, que vous faire honneur de vos propres dons.

ÉLISABETH.

Comment ! comte, c'est à moi que vous devez tout ce que j'admire dans ce château, tout ce que je suis presque tentée d'envier ?

LEICESTER.

Ce que Leicester est tenté d'envier ici, madame, n'est pas ce dont il peut se dire le possesseur.

ÉLISABETH.

Et quoi donc, milord ? est-ce qu'ici tout ne vous appartient pas ?

LEICESTER.

Tout m'appartient ici, madame ?...

ÉLISABETH, souriant.

Milord, il y a de l'audace parmi votre respect. En ce moment même où vous baissez si humblement votre front, il nous semble que vous élevez bien haut votre pensée.

LEICESTER.

Aurais-je eu le malheur d'offenser votre majesté?

ÉLISABETH.

Je n'ai pas dit cela, Leicester. Seulement, quand vous avez dans les mains tout ce qu'on peut souhaiter, titres, richesses, honneurs, quand vous parlez dans cette demeure où tout atteste votre puissance, je me demande à quoi peut aspirer encore cette ambition que rien ne satisfait.

LEICESTER.

Mon ambition!... Que votre majesté connaît peu l'âme de Leicester! Otez à votre indigne serviteur ses châteaux, sa couronne de comte, sa robe de pair d'Angleterre, dépouillez-le de tout ce dont vous l'avez revêtu; ne laissez à Dudley, redevenu pauvre gentilhomme, que l'épée de son père et le donjon de ses aïeux, et son cœur conservera, dans l'exil et dans l'oubli, la même reconnaissance à sa reine, le même amour.

ÉLISABETH, à part.

Amour!... (Haut.) Eh bien, oui, je vois votre émotion, et j'en suis touchée. Dudley, sur ce front où devrait seulement rayonner la joie, il me semble parfois voir passer un nuage de tristesse. Qu'avez-vous? Pourquoi ne pas me dévoiler votre âme? Suis-je votre ennemie?

LEICESTER.

J'ai un secret, en effet, madame... Tant de bonté peut-être devrait m'enhardir...

ÉLISABETH, *doucement.*

Vous n'achevez pas, Leicester. Craindriez-vous d'être deviné?

LEICESTER.

Je crains, madame...

ÉLISABETH, *avec un élan vers Leicester.*

Allez, vous pourriez être deviné et n'avoir pourtant rien à craindre...

LEICESTER.

Ah! votre majesté!...

ÉLISABETH, *se maîtrisant.*

Ce nom dont vous m'appelez me rend à moi-même. Hélas! la reine, par moments, s'oublie pour ne se rappeler que la femme. Si j'étais comme les autres, libre de consulter mon cœur, alors peut-être...

LEICESTER.

Madame!...

ÉLISABETH.

Mais non, cela ne m'est pas permis. Élisabeth d'Angleterre ne doit être l'épouse et la mère que de son peuple.

LEICESTER.

Je n'ai du moins rien perdu de la précieuse faveur de la reine?

ÉLISABETH.

Non, Leicester, non ! au contraire !... Nous parlions, je crois, de votre beau domaine. Pourquoi donc ne voulez-vous pas que je visite ce donjon ruiné qui, de loin, fait dans le parc un effet si imposant?

LEICESTER.

Cette ruine, madame, est déserte, à peine abordable... (La porte du fond s'ouvre. Paraît un huissier, qui s'arrête sur le seuil.)

ÉLISABETH.

Qu'est-ce donc ? qui se permet d'entrer sans notre ordre?

SCÈNE II

ÉLISABETH, LEICESTER, UN HUISSIER.

L'HUISSIER s'incline profondément.

Je remplis les instructions de sa majesté. Elle m'a prescrit d'introduire auprès d'elle, avant la réception des deux nobles comtes, un vieux gentilhomme pour lequel milord de Sussex a demandé à sa majesté une audience.

ÉLISABETH.

Ah ! je sais; j'ai promis, en effet, à lord Sussex. Il s'agit d'un vieil officier qui a combattu sous ses ordres et qui aurait une plainte à porter devant moi.

LEICESTER, souriant.

Une plainte !... Contre moi sans doute?

ÉLISABETH.

Sussex n'oserait. Mais je dois recevoir ce gentilhomme.

LEICESTER.

Madame, je me retire.

ÉLISABETH, avec un sourire.

Allez ! (Elle lui donne sa main à baiser. Leicester s'incline et sort. — A l'huissier.) Faites entrer ce vieillard. (L'huissier sort.)

SCÈNE III

ÉLISABETH, puis SIR HUGH ROBSART.

ÉLISABETH, seule.

Pourquoi suis-je reine? La fille de Henri VIII, femme de Dudley! cela ne se peut. Ah! c'est qu'il est si grand, si noble! son regard est si tendre et si fier! Mais l'épouser serait abdiquer!... Que dis-je? n'est-ce pas lui qui règne?

La porte du fond s'ouvre. Sir Hugh, en grand deuil, se précipite aux genoux de la reine.

SIR HUGH.

Justice, madame! justice!

ÉLISABETH.

Monsieur, relevez-vous. Vous abordez bien hardiment votre reine.

SIR HUGH.

Non, je ne quitterai pas vos genoux que vous ne m'ayez entendu. Votre majesté ne me refusera pas l'auguste et dernier appui qui me reste. Elle ne repoussera pas un vieillard, un ancien serviteur qui a versé son sang pour elle, un père outragé qui vient près de la vierge-reine réclamer sa fille enlevée et séduite.

ÉLISABETH, d'un ton radouci.

On vous a enlevé votre fille?... Allons, relevez-vous! On vous a enlevé votre fille? Et qui donc se permet d'enlever les filles dans ce royaume d'Angleterre, que protègent Dieu et les saints? Votre nom?

SIR HUGH.

Hugh Robsart, de Templeton.

ÉLISABETH.

Êtes-vous le descendant de ce Roger Robsart qui servit si vaillamment notre aïeul Henri VII à la bataille de Stoke?

SIR HUGH.

Oui, madame, et moi-même, — lord Sussex vous le dira, — j'ai fidèlement combattu pour la cause de votre majesté.

ÉLISABETH.

Parlez donc en toute assurance; et croyez que nous sommes aussi bonne justicière que vous êtes loyal sujet.

SIR HUGH.

Je n'avais qu'une fille, madame, et il est permis à un vieux père qui va mourir de mettre toute sa joie et tout son orgueil dans sa fille. Eh bien, madame, un infâme séducteur s'est introduit comme un ami dans ma retraite, il a fait parler sa langue de serpent, et ma fille Amy Robsart l'a suivi.

ÉLISABETH.

Vraiment, je vous plains. Nous ne savons, nous qui sommes reine couronnée, comment une femme peut se laisser prendre aux séductions d'un homme; mais il paraît que cela est possible, puisque c'est votre histoire. Et quel est, chevalier, le nom du ravisseur?

SIR HUGH.

C'est..., madame, c'est un homme qui a une puissante protection.

ÉLISABETH.

Eh bien! cette protection est-elle plus puissante que la nôtre?

SIR HUGH.

Pardon, madame! je suis peu habitué au langage des cours et j'ignore de quel poids y sont les paroles... Ce ravisseur est un écuyer du comte de Leicester.

ÉLISABETH.

De Leicester! L'homme le plus pur de l'Angleterre a un séducteur dans sa maison! Le nom de ce misérable écuyer?

SIR HUGH.

Ce lâche qui suit la robe des filles et fuit l'épée des hommes s'appelle Richard Varney.

ÉLISABETH.

Richard Varney... Bien. Amy Robsart, n'est-ce pas? Et qu'a-t-il fait de votre fille?

SIR HUGH.

Hélas! madame, elle est ici, ici même. Je l'ai aperçue à l'une des fenêtres du donjon en ruines qui est au bout du parc.

ÉLISABETH.

Comment!... lord Leicester m'a dit que cette ruine était inhabitée. Êtes-vous sûr de ce que vous dites? Vous n'avez pas essayé d'entrer dans ce donjon?

SIR HUGH.

La porte m'en est restée fermée. C'est sans doute parce que ce donjon passe pour désert que cet infâme Varney y a caché ma malheureuse Amy.

ÉLISABETH.

Vieillard, nous vous ferons rendre justice. Par la

mort de Dieu! nous sommes la mère et la protectrice née de toutes les filles anglaises. Un vil écuyer suborner l'héritière d'un honorable baronnet! Lord Leicester sera outré quand il apprendra cet acte abominable. Nous vous promettons, chevalier, notre appui près de lui contre ce Varney, dont vous craignez le crédit. En attendant... (Elle va à une table et scelle un parchemin de son sceau.) prenez ce sauf-conduit, devant lequel toutes les portes s'ouvrent, et assurez-vous si votre fille est réellement cachée dans ce donjon. — Je vous congédie, car la cour attend qu'on l'introduise. (Elle frappe sur un timbre, l'huissier paraît.) Conduisez ce gentilhomme, et que les deux lords entrent avec leur suite. (Sir Robsart sort par une porte latérale. La grande porte du fond s'ouvre et laisse le passage libre à toute la cour.)

SCÈNE IV

ÉLISABETH, LEICESTER, VARNEY, SUSSEX, SHREWSBURY.

DAMES, ÉVÊQUES, PAIRS ET OFFICIERS DE LA REINE, CHEVALIERS, PAGES ET GARDES DE LA SUITE DES DEUX COMTES. (Les deux lords entrent en même temps par la grande porte ouverte à deux battants; ils saluent la reine et vont se ranger, avec leurs partisans, chacun d'un côté de la scène. Le milieu est occupé par la suite de la reine.)

ÉLISABETH.

Milords, qu'est-ce que cela veut dire? Nous vous appelons pour vous réconcilier, et voilà que vous

vous divisez en notre présence! Allons, rapprochez-vous, et joignez vos mains, que la haine ne doit pas désunir quand mon service les unit. (Les deux comtes restent en silence à leurs places.) Ratcliffe, comte de Sussex, Dudley, comte de Leicester, eh bien! ne m'avez-vous entendue? Qu'est-ce que cette immobilité? qu'est-ce que ce silence? Aucun de vous ne veut faire le premier pas?

LEICESTER.

Madame... (A part.) Un rustre de soldat!

SUSSEX, à part.

Un damoiseau parvenu! (Haut.) Votre majesté!...

ÉLISABETH.

Je sais que c'est ainsi qu'on m'appelle, et c'est parce qu'on m'appelle ainsi que vous m'obéirez, nobles comtes. (A Leicester.) Dudley, vous êtes le plus jeune et il est votre hôte, c'est à vous de le prévenir. (A Sussex.) Milord de Sussex, pour me plaire vous voleriez à une bataille et vous reculez devant une réconciliation!

SUSSEX, immobile.

C'est que, madame, je serais charmé que lord Leicester voulût bien me dire en quoi j'ai pu l'outrager; car il n'est rien dans ce que j'ai fait ou dit que je ne sois prêt à soutenir, à pied ou à cheval...

LEICESTER.

Et moi, sous le bon plaisir de sa majesté, j'ai toujours été prêt à justifier mes faits et gestes, autant que qui que ce soit du nom de Ratcliffe. (Les deux comtes se regardent fièrement.)

ÉLISABETH.

Quel est celui de vous, milords de Sussex et de Leicester, qui veut goûter de notre pain de la Tour de Londres? Nous sommes ici l'hôtesse de l'un de vous ; mais, par la mort de Dieu! il se pourrait qu'avant peu l'un de vous fût notre hôte. Pour la dernière fois, obéissez et donnez-vous cordialement la main. (D'une voix impérieuse.) Comte de Sussex, je vous en prie. (D'une voix douce.) Lord Leicester, je vous l'ordonne. (Les deux comtes se regardent en silence, hésitant encore, mais enfin s'avancent et se serrent la main.)

LEICESTER, s'inclinant.

Milord Sussex, c'est avec une véritable joie... (A part.) Traître qui me fait espionner chez moi!

SUSSEX, s'inclinant.

Comte de Leicester, je suis heureux... (A part.) Ce félon qui s'entoure d'empoisonneurs et de sicaires!

ÉLISABETH.

Bien! abjurez vos jalousies et vos ressentiments! Que désormais mes deux plus fidèles serviteurs soient en même temps deux sincères amis. Milord de Leicester, nous voulons signaler la visite dont nous vous honorons par quelque promotion à votre gré. Quel est celui d'entre vos officiers que vous jugez le plus digne du titre de chevalier?

SUSSEX, bas à Shrewsbury.

Vous verrez qu'elle ne pensera pas aux miens!

ÉLISABETH.

A ce propos, comte de Leicester, n'y a-t-il pas parmi vos écuyers un nommé Richard... Richard?... Quel est son nom, déjà?...

VARNEY, bas et vivement, à Leicester.

C'est de moi, sans doute, que la reine veut parler, milord...

LEICESTER.

Si j'ose aider la mémoire de sa majesté, n'est-ce pas Richard Varney?

ÉLISABETH.

Précisément. Milord, que pensez-vous de ce Varney?

LEICESTER.

C'est, madame, un serviteur fidèle de son maître, un sujet dévoué de votre majesté. Son mérite et son zèle le placent vraiment au-dessus de son état; et si votre faveur...

ÉLISABETH.

Est-il ici?

VARNEY, avec empressement.

Me voici aux pieds de sa majesté.

ÉLISABETH.

Eh bien, milord, je suis aise de vous détromper sur le compte d'un fourbe et d'un traître, qui souille votre noble maison. Cet hypocrite, que vous me vantez avec tant de bonne foi, n'est qu'un odieux ravisseur. Croiriez-vous qu'il a osé suborner et enlever la fille d'un respectable gentilhomme, sir Hugh Robsart?

LEICESTER, avec un cri de terreur.

Qu'entends-je?... Grand Dieu, madame!... (A part.) Ah! l'espion de Sussex!...

ÉLISABETH.

Je partage votre indignation, et je l'accroîtrai encore en vous apprenant que cet indigne a eu l'audace de cacher sa victime dans cette maison où vous recevez aujourd'hui votre reine.

LEICESTER, consterné.

Juste ciel! madame, croyez... (A part.) Je suis perdu.

SUSSEX, bas à Shrewsbury.

Que signifie ceci? Leicester est bien pâle!

ÉLISABETH, à Leicester.

Milord, vous paraissez troublé!

LEICESTER.

J'avoue qu'en effet, madame...

VARNEY s'agenouille, croise les mains et baisse la tête.

Madame...

ÉLISABETH.

Qu'as-tu à dire? Avoues-tu ton crime? As-tu

ACTE II, SCÈNE IV.

enlevé cette fille? Est-elle, oui ou non, cachée ici? Réponds.

VARNEY.

Oui.

LEICESTER.

Misérable!... (Il veut se précipiter sur Varney.)

ÉLISABETH.

Milord comte, si vous le permettez, nous instruirons seule cette affaire. Nous n'avons pas terminé l'interrogatoire de votre officier. (A part.) Comme il est ému! (Haut à Varney.) Ton maître, le comte de Leicester, savait-il cette intrigue? Dis-moi la vérité contre quelque tête que ce soit, et ne crains rien. La tienne est sous notre sauvegarde.

VARNEY.

Votre majesté veut la vérité? La voici tout entière, en face du ciel : — Tout cela s'est fait par la faute de mon maître.

LEICESTER, à part.

Le traître! (Haut.) Infâme! qu'oses-tu dire?...

ÉLISABETH, les yeux enflammés.

Silence, comte!... Achève, Varney! Nul ne commande ici, que moi.

VARNEY.

Et je vous obéirai comme tous, madame. Mais je ne voudrais pas confier les affaires de mon maître à d'autres oreilles que les vôtres.

LEICESTER.

Pour me trahir à ton aise, serpent !

ÉLISABETH.

Les affaires de ton maître ?...

VARNEY.

Oui, madame ; si votre majesté me permet cette audace, je la supplierai de m'accorder un moment d'audience secrète. Je donnerais à mon auguste souveraine des explications qui la satisferaient peut-être, mais dont l'honneur d'une respectable famille pourrait souffrir, si elles étaient publiques. Ces matières sont délicates.

ÉLISABETH.

J'y consens ; mais si tu cherches aussi à me tromper, par l'âme de mon royal père Henri VIII, le peuple de Londres verra se dresser ta potence. Qu'on nous laisse seuls un instant.

LEICESTER, à part.

Je suis perdu ! (Tous se retirent, sauf Varney.)

SCÈNE V

ÉLISABETH, VARNEY, UN HUISSIER, à la porte du fond.

La reine s'assied ; Varney est resté à genoux.

ÉLISABETH.

Allons, relève-toi et parle. Qu'as-tu à dire pour ta défense ?

ACTE II, SCÈNE V.

VARNEY.

Je conviens que mon crime serait grand, madame, si, abusant de la faiblesse d'une jeune fille, je l'avais séduite, enlevée et déshonorée, comme sa glorieuse majesté me fait l'injure de le croire.

ÉLISABETH.

Qu'est-ce à dire, Richard Varney? Est-ce que je suis mal instruite? Est-ce que le coupable serait un autre que toi?

VARNEY.

Non. La reine est bien instruite, mais sa majesté n'est pas instruite de tout. Miss Robsart n'est point déshonorée; à moins qu'il ne soit déshonorant d'être la femme d'un écuyer de milord comte de Leicester.

ÉLISABETH.

Comment! tu l'as épousée? Amy Robsart est ta femme légitime?

VARNEY.

Elle est ma femme légitime. Cela est vrai, n'en déplaise à sa majesté.

ÉLISABETH.

Prenez garde de me tromper, monsieur! Si vous l'avez épousée, pourquoi alors accuser le noble comte? Que lui imputez-vous? Il ignorait tout peut-être?

VARNEY.

Lord Leicester ignore tout, en effet. Mais, je le répète, il est la cause de tout. Que votre majesté en juge elle-même.

ÉLISABETH.

Allons ! je vous écoute.

VARNEY.

Depuis longtemps, le noble comte, l'honneur de la cour d'Angleterre, a renoncé au mariage. Un souci secret, dont nul n'ose pénétrer la cause, lui fait fuir toutes les femmes. On dit que mon malheureux maître... Dois-je, madame, répéter ce que l'on dit ?

ÉLISABETH.

Parlez ! parlez !

VARNEY.

On dit que milord cache au fond de son âme une passion profonde, dont l'objet serait tellement au-dessus de lui qu'il ne lui est pas permis d'espérer.

ÉLISABETH.

Quoi ! mais il me semble qu'il n'est point de femmes auxquelles le noble comte ne puisse hautement prétendre.

VARNEY.

Hélas ! Votre majesté doit savoir qu'il en est encore au-dessus de lui.

ÉLISABETH.

Que dites-vous? Que voulez-vous dire? Je ne vous comprends pas, Varney.

VARNEY.

Toutes conjectures sont ici téméraires. Mon pauvre maître, souvent, quand il croit n'être point vu, baise une boucle de cheveux... Il faudrait lever mes regards bien haut pour en voir de pareils.

ÉLISABETH.

C'est bien, c'est bien. Vous disiez donc que votre maître?...

VARNEY.

Milord, voué tout entier à la passion qui le possède, ne veut entendre parler de mariage ni pour lui, ni même pour aucun des gens de sa maison.

ÉLISABETH.

Pauvre noble comte!

VARNEY.

C'est pour cela qu'étant devenu éperdument amoureux d'Amy Robsart, j'ai cru, madame, devoir cacher notre mariage, afin de n'être pas remercié par milord. J'avais donc raison de dire que, dans ce mystère et dans mon crime apparent, tout est de la faute de mon maître.

ÉLISABETH.

La faute n'est pas si grave!

6.

VARNEY.

Je n'attendais qu'une occasion favorable pour me déclarer à lui, et si maintenant votre majesté daigne lui dire quelques mots pour moi, je ne doute pas qu'il ne m'accorde ma grâce, en me maintenant dans ma charge, et en me laissant ma femme.

ÉLISABETH.

Oui, puisque Amy Robsart est votre femme, Varney, je vous promets d'apaiser la colère de votre maître.

VARNEY, s'inclinant.

Madame, ma reconnaissance...

ÉLISABETH.

Et nous allons tout arranger pour que sir Hugh ne rougisse pas de son gendre.

VARNEY, saluant plus profondément.

Les bienfaits de votre majesté me pénètrent...

ÉLISABETH.

Non, Varney, je suis contente des explications que vous m'avez données.—Huissier! qu'on rouvre les portes.

SCÈNE VI

ÉLISABETH, VARNEY, LEICESTER, SUSSEX.
TOUTE LA COUR.

ÉLISABETH, après un moment de silence.

Comte de Leicester, donnez-moi votre épée.

LEICESTER, à part.

L'épée d'abord, la tête ensuite.

SUSSEX, bas à Shrewsbury.

Serait-ce donc la disgrâce ? (Leicester détache son épée et la présente à la reine en fléchissant le genou.)

ÉLISABETH.

Richard Varney, avancez et mettez-vous à genoux. (Varney obéit. Elle tire l'épée du fourreau. Mouvement de surprise dans l'assemblée et d'émoi parmi les dames.)

LEICESTER, à part.

Que veut-elle ?

ÉLISABETH. (Elle considère l'épée avec complaisance.)

Si j'eusse été homme, nul de mes pères n'eût aimé autant que moi voir reluire une bonne épée. J'aime à contempler de près les armes. Si le ciel m'avait douée de quelque beauté, c'est dans ces miroirs-là que j'aurais plaisir à me regarder. — Richard Varney, au nom de Dieu et de saint Georges, nous vous faisons chevalier. (Elle le frappe du plat de l'épée sur l'épaule.) Soyez fidèle, brave et heureux. Sir Richard Varney, levez-vous. (Étonnement dans l'assemblée.)

LEICESTER, à part.

Quoi ! récompense-t-elle la trahison de Varney avant de punir la mienne ?

ÉLISABETH.

La cérémonie des éperons d'or et les autres formalités se feront demain dans la chapelle. Varney, voilà votre fortune commencée, mais sachez modérer vos désirs ; car — c'est, je crois, ce fou de Shakespeare qui dit cela — « l'ambitieux se marque son but, mais c'est toujours au delà qu'il tombe ». Allez ! (Varney fait un profond salut. La reine se retourne vers Leicester.) Eh bien ! comte de Leicester, éclaircissez donc votre front soucieux. Le mal qui a été fait est réparé.

LEICESTER, à part.

Qu'aura-t-il dit ?... (Haut.) Je ne sais encore...

ÉLISABETH.

Oui, milord, vos intentions ont été méconnues ; mais l'honneur de votre noble maison n'a point été terni.

LEICESTER.

Je ne puis comprendre, madame...

ÉLISABETH.

Attendez. Mais promettez-moi d'abord de m'accorder une grâce.

LEICESTER.

Me la demander, c'est déjà m'en faire une.

ÉLISABETH.

Eh bien, c'est dit, milord, j'ai la grâce de votre écuyer Varney, — lequel, sans votre aveu, a épousé Amy Robsart.

LEICESTER.

Lui! Amy Robsart!... (Montrant le poing à Varney.) Misérable!

ÉLISABETH.

Comte, modérez votre indignation. Puisqu'il a été assez fou pour s'en éprendre et assez coupable pour l'enlever, on ne peut pas le blâmer d'en avoir fait son épouse légitime.

LEICESTER.

Insolent! as-tu bien osé?...

VARNEY, baissant la tête.

Mon maître et seigneur, il n'y avait que ce moyen de réparer un grand malheur, de sauver ce qui était perdu.

LEICESTER.

Je ne puis me contenir. Cette témérité, Varney, sera payée cher.

ÉLISABETH.

Milord, vous nous avez promis sa grâce.

LEICESTER.

Madame!... c'est qu'un tel affront!...

ÉLISABETH.

L'affront qu'il faisait à sir Hugh Robsart était bien plus grave encore.

LEICESTER.

Non, madame, non! je vais tout vous dire. Hélas, vous ne savez pas...

VARNEY, précipitamment.

Sa majesté sait tout, milord. Elle connaît votre invincible répugnance pour le mariage, répugnance telle que vous ne pouvez le souffrir même dans vos serviteurs. Elle sait que votre âme recèle une passion mystérieuse...

ÉLISABETH, vivement.

Tais-toi, Varney! (Se rapprochant de Leicester. A demi-voix.) Milord, démentez-vous cette passion secrète qu'il a l'audace de vous supposer?... (Leicester veut parler.) Silence! Je vous comprends, je vous plains; mais soyez prudent, cher Dudley!

LEICESTER, s'inclinant.

Madame! tant de bonté!... (A part.) O supplice!

ÉLISABETH.

Milord, nous laissons Varney achever sa justification près de vous. Sir Richard Varney, nous voulons que votre femme Amy Robsart nous soit présentée aujourd'hui même, à notre cercle.

LEICESTER, à part.

Dieu!

VARNEY.

Sa majesté sera obéie. Une telle faveur honore ma femme et moi.

LEICESTER, à part.

L'impudent !

SUSSEX, bas à Shrewsbury.

Le voilà plus en faveur que jamais !

ÉLISABETH.

Venez, milord de Sussex, venez, messieurs, prendre votre part des divertissements que nous a préparés la courtoisie du noble comte.

SCÈNE VII

LEICESTER, VARNEY.

LEICESTER, avec indignation.

Qu'as-tu fait, malheureux ? Ma bien-aimée Amy passer aux yeux de tous pour ta femme !...

VARNEY.

Je suis, en effet, coupable, milord, coupable d'un dévouement insensé ! Pour qui ai-je hasardé cette déclaration téméraire ? Qui allait être perdu ? Qui fallait-il sauver ? Était-ce moi, pauvre et obscur, qui, ne possédant rien, n'ai rien à risquer ?

LEICESTER.

Laissons vos intentions ; deviez-vous aller jusqu'à dire qu'elle était votre femme ?

VARNEY.

Devais-je donc laisser croire que milady était ma maîtresse?

LEICESTER.

Non, certes! mais il fallait... il aurait fallu...

VARNEY.

Quoi, milord?

LEICESTER.

Plutôt un danger qu'un affront. Il eût mieux valu tout découvrir.

VARNEY.

Ce n'est pas ce qu'exprimait votre regard furieux quand vous avez cru que j'allais vous dénoncer. Tout découvrir! renverser, avec un mot, la plus haute destinée de l'Europe, abattre le vaste chêne qui ombrage l'Angleterre, réduire à la condition d'un chétif gentilhomme campagnard cet illustre comte de Leicester qui donne les pairies, nomme les généraux, distribue les épiscopats, convoque et dissout les parlements, le jeune et glorieux ministre que les ballades populaires appellent à la plus auguste union!... — Excusez-moi, milord, j'avoue que je n'ai pas eu ce courage — ou cette lâcheté.

LEICESTER.

Eh! la grandeur, après tout, vaut-elle le bonheur? Plutôt que de livrer ma vie aux luttes et aux périls du pouvoir, ne ferais-je pas mieux cent fois de la passer, comme tu dis, campagnard paisible, aux pieds de ma femme bien-aimée ?

VARNEY.

Paisible ?... pardon ; je n'ai pas dit paisible, milord. Prenez-y garde ! à mesure que je parlais à la reine, quand le soupçon lui venait que le séducteur de la jeune fille pouvait bien être un plus grand que moi, je voyais s'amasser sur son front toute la jalouse colère de la femme qui aime...

LEICESTER.

Quel mot prononces-tu là ? Elle m'aimerait, Richard ?

VARNEY.

Oui, oui, elle vous aime ! elle vous aime à tout oublier, à tout sacrifier, à tout briser !... Et l'on a vu une volonté moins puissante que la sienne rompre des liens moins fragiles que les vôtres.

LEICESTER.

Elle m'aime !... Tu crois vraiment qu'elle m'aime ?

VARNEY.

Je n'ai vu que son dépit, mais vous venez de voir sa joie. — Et maintenant allez trouver la fille de Henri huit qui vous aime et se croit aimée ; déclarez-lui votre mariage bourgeois au moment où elle pense peut-être à vous offrir sa main royale ; révélez à cette reine, quand elle rêve de vous faire roi, qu'il existe une comtesse de Leicester ; allez, milord, apprendre à Élisabeth Tudor qu'elle a une rivale, allez... et je vous dis que vous exposez votre tête, mais d'abord et surtout une tête adorée.

LEICESTER.

Amy! mon Amy en péril!... Varney, il suffit. Tu as raison. Ce que tu as fait est bien fait.

VARNEY, à part.

Enfin !... je le tiens

LEICESTER.

Il faut sauver Amy, Varney! il faut qu'elle passe pour être... ce que tu as dit à la reine.

VARNEY.

Pour cela vous n'oubliez pas que le consentement de milady vous est nécessaire.

LEICESTER.

Que dis-tu? et pourquoi?

VARNEY.

Votre seigneurie a entendu la reine. Elle veut que ma prétendue femme lui soit présentée aujourd'hui même.

LEICESTER.

Il est vrai. Dieu !... ô Dieu !

VARNEY.

Pensez-vous que milady puisse vaincre sa répugnance à porter quelque temps mon nom? Elle est fille de sir Hugh Robsart, mais je suis maintenant sir Richard Varney.

LEICESTER.

N'importe, elle est lady Leicester! et aussi fière dans sa vertu qu'Élisabeth d'Angleterre dans sa puissance!

VARNEY.

Alors n'en parlons plus, il n'y a rien à faire.

LEICESTER.

Mais nous sommes perdus, Varney! elle est perdue! Ne l'abandonne pas! Conseille-moi, dirige-moi.

VARNEY.

Eh! qu'est-ce que je puis, moi, milord? Est-ce moi qui ai sur milady l'ascendant et l'autorité? Est-ce moi qui ai le pouvoir de la convaincre ou le droit de lui commander?

LEICESTER.

Elle m'aime trop pour se laisser persuader et je l'aime trop pour lui parler en maître.

VARNEY, croisant les bras.

Eh bien donc, attendons l'effet du courroux de la reine.

LEICESTER.

Non, non! je veux à tout prix l'en préserver. Écoute, Varney, — épargne-moi vis-à-vis d'Amy une douloureuse et impossible scène. Parle-lui en mon nom.

VARNEY.

Inutile. Elle ne me croira pas.

LEICESTER.

Tu peux du moins essayer.

VARNEY.

Perdre le temps quand le temps nous presse !

LEICESTER.

Si je te donnais un mot écrit pour elle ?

VARNEY.

Il faudrait qu'il fût décisif et impérieux ! Il me faudrait pleins pouvoirs.

LEICESTER, après une dernière hésitation.

Eh bien, soit. (Il va à la table et écrit quelques mots. Remettant le billet à Varney.) Est-ce suffisant ainsi ?

VARNEY, après avoir lu.

Oui, milord. Il faut cependant prévoir le cas où milady refuserait, malgré tout, de se présenter devant la reine.

LEICESTER.

Alors que ferions-nous ?

VARNEY.

Il n'y aurait qu'un moyen : conduire milady, de gré ou de force, à votre domaine de Cumnor, et dire à la reine que ma femme est gravement malade. (A part.) Ceci est du domaine d'Alasco.

LEICESTER.

La violence!...

VARNEY.

Pour le salut.

UN HUISSIER, entrant.

Sa majesté fait demander milord Leicester. (Sur un signe de Leicester, il sort.)

LEICESTER.

Allons, je la confie et me confie, Varney, à ta fidélité. — Je rejoins la reine. Oh! quelle situation est la mienne, entre deux femmes dont l'une a tout le pouvoir et l'autre tous les droits! (Il sort.)

VARNEY, seul.

Situation d'autant plus grave, en effet, mon maître, que vous êtes à la fois faible et ambitieux! (Relisant le billet.) « Amy, croyez tout ce que vous dira Richard Varney. Tout ce qu'il fait, il le fait par mon ordre et par ma volonté. » Ah! maintenant, dédaigneuse Amy Robsart, tu es à moi!

ACTE TROISIÈME

Le décor du premier acte.

SCÈNE PREMIÈRE
VARNEY, ALASCO.

VARNEY.

Nous nous rapprochons de notre but, Alasco; encore un effort, et nous aurons pour maître un roi. — Vous dites donc que ce Flibbertigibbet pourrait nous être utile? Hier, au fait, il ne m'a point trahi.

ALASCO.

Si, pour votre expédition, il vous faut quelqu'un qui soit jeune, alerte et intelligent...

VARNEY.

Il s'agirait tout simplement d'enlever une personne gênante, et de la conduire secrètement à Cumnor. Mais qui nous répondra de votre élève?

ALASCO.

Il est en ce moment, comme on dit, sous la hache,

et sera heureux de se tirer à tout prix de ce mauvais pas. Cependant sa subtilité est telle que peut-être, à la minute où je vous parle, il est déjà hors de prison.

VARNEY.

Va, va, cette prison est plus forte qu'il n'est adroit. Elle n'a qu'une issue, et cette issue donne sur la galerie des oubliettes; en sorte que, si je voulais me débarrasser de ton disciple, au lieu de fermer la porte je la lui ouvrirais, en ayant soin d'ouvrir d'abord le verrou de la chausse-trape, et je l'enverrais bien vite effrayer les caves du donjon d'une visite en ligne perpendiculaire.

ALASCO.

Bien! mais comment pénétrer jusqu'à lui? Le comte a, devant toi, défendu à Foster de le laisser communiquer avec qui que ce soit, et sa prison, dis-tu, n'a qu'une porte.

VARNEY.

Oui, une seule porte visible. — Mais, écoute; il en est une autre, masquée comme celle-ci, qui communique par un couloir secret à la tourelle même qui te sert de laboratoire. — Je connais seul tous les détours de ce château.

ALASCO.

Comme Belzébuth seul connaît tous les détours de ton âme.

ACTE III, SCÈNE I.

VARNEY.

C'est possible. Voici la clef de la porte secrète dont je te parle. Va trouver Flibbertigibbet, fais-lui nos propositions; s'il les accepte, enrôle ton lutin à notre service; s'il les refuse, profite de ta visite pour mêler à son eau pure...

ALASCO.

C'est bon, c'est bon. Est-ce là tout?

VARNEY.

Pas encore; j'ai gardé le plus important pour la fin. Il faut que tu prépares à l'instant un breuvage soporifique, une potion qui, administrée, dans un cas donné, à une femme, par exemple, puisse l'endormir sur-le-champ, et si profondément qu'elle se laisse enlever en voiture, toute une nuit, sans se réveiller et, par conséquent, sans crier et sans résister.

ALASCO.

C'est entendu. Et pour qui ce breuvage?

VARNEY.

Demande-le aux planètes.

ALASCO.

Faut-il s'arrêter au sommeil?

VARNEY.

Vieil empoisonneur! je te commande une boisson innocente, entends-tu? innocente! Comprends-tu ce mot-là?

ALASCO.

Bien. Ainsi il n'est pas nécessaire que la maison de la vie soit attaquée?

VARNEY.

Garde-t'en bien, sur ta propre baraque! Si la composition n'est pas aussi inoffensive qu'un verre d'eau, j'en jure sur mon âme, je te ferai subir autant de morts que tu as de cheveux sur la tête. Tu ris, vieux spectre?

ALASCO, ôtant sa mitre.

Sans doute. Comment tremblerais-je de ta menace? Je suis chauve, et tu jures sur ton âme.

VARNEY.

J'entends marcher dans la galerie. — Allons, viens faire ta mixtion léthargique, — innocente surtout, apothicaire du diable! Je rentre avec toi pour te montrer le passage secret. (Il le pousse dans l'escalier, y entre après lui et referme la porte.)

SCÈNE II

AMY, un écrin à la main, JEANNETTE, portant une pelisse qu'elle jette au dos d'un fauteuil. Plus tard, FOSTER.

AMY.

Viens, Jeannette; cette fenêtre ouvre du côté du château neuf, il me semble qu'ici j'entendrai sonner plus tôt la grosse cloche m'annonçant la prochaine arrivée du comte. — Achevons ma toilette. Mon collier, mes bracelets. (Jeannette tire de l'écrin les bracelets et le collier, et les attache à sa maîtresse.)

JEANNETTE.

Elles sont bien blanches, ces perles; mais ce bras est plus blanc encore. C'est égal, elles sont magnifiques! Je suis sûre qu'elles valent chacune plus de...

AMY.

Fi! Jeannette! tous les galions du Portugal ne pourraient les payer; c'est lui qui me les a données!

JEANNETTE.

Milady est bien belle ainsi!

AMY.

Puisse-t-il penser comme toi, enfant! Hélas! si j'avais quelque beauté, elle a subi de rudes épreuves. Mes pauvres yeux ont bien pleuré depuis que j'ai quitté mon père. — Mon père!... Quand je pense qu'il est ici, qu'il est près de moi! Ah! j'ai peur, et j'ai hâte de le revoir. (Entre Foster.) Que nous veut Foster?

FOSTER.

J'annonce à milady une visite.

AMY.

Une visite à moi, bon Foster! Vous oubliez votre consigne : il m'est interdit de sortir du château, et il n'est permis à personne d'y entrer.

FOSTER.

Oui, milady, mais c'est que le visiteur présente ce laisser-passer. (Il remet un parchemin à Amy.)

AMY, jette les yeux sur le parchemin.

Un laisser-passer de la reine! Foster, faites entrer. Il n'est pas de porte en Angleterre qui ne doive s'ouvrir devant ce parchemin. (Foster ouvre. Entre sir Hugh Robsart.)

SCÈNE III

Les Mêmes, SIR HUGH ROBSART.

Sir Hugh Robsart s'arrête sur le seuil de la porte. Amy pousse un cri.

AMY.

Dieu! mon père! (Elle fait un signe, Foster et Jeannette sortent.)

SIR HUGH.

Oui, Dieu et votre père. — Votre père, qui est ici devant vous, et Dieu, qui l'y a conduit. (Amy se lève et court à lui, il recule.)

AMY, s'arrêtant.

Mon père!

SIR HUGH.

Madame... Je ne sais si c'est de ce nom qu'il faut vous nommer.

AMY.

Ah! quelles dures paroles! Nommez-moi votre fille. Vous êtes toujours mon père.

SIR HUGH.

Votre juge, Amy.

AMY.

Oh! ne me glacez pas de ce regard! Si vous saviez...

SIR HUGH.

Quoi? achevez! Je ne vous condamnerai pas sans vous entendre.

AMY.

Et moi j'ai fait un serment, je ne puis parler.

SIR HUGH.

Hélas! ne sais-je déjà pas une partie de la vérité? N'avez-vous pas quitté votre père pour suivre ici votre ravisseur, cet écuyer de lord Leicester, ce...?

AMY.

Mon père, vous vous trompez! les apparences...

SIR HUGH.

Les apparences! — Voyez mes habits de deuil, voyez vos habits de fête, — sont-ce là des apparences? Voyons, dites, de qui êtes-vous la maîtresse ici?

AMY, *relevant la tête.*

Mon père ! je suis mariée.

SIR HUGH.

Mariée ! mariée à qui ?

AMY.

A qui ?... Ah ! ce nom ne doit pas encore sortir de ma bouche... J'ai promis... j'ai juré...

SIR HUGH.

Je doute d'un mari de qui la femme ne peut prononcer le nom devant son père.

AMY.

Autrefois vous eussiez cru ma première parole...

SIR HUGH.

Oui, autrefois. (On entend sonner la grosse cloche.)

AMY.

Ah ! la grosse cloche ! enfin ! Il va venir.

SIR HUGH.

Qui va venir ?

AMY.

L'homme qui est mon mari, mon père. Écoutez. Je ne puis vous le nommer, mais vous pouvez le voir. Connaissez-vous de visage quelques-uns des seigneurs de la cour d'Élisabeth ?

SIR HUGH.

J'ai fréquenté la cour moins que les camps. Je

connais pourtant plusieurs de ces gentilshommes, le comte de Sussex, le duc de Ruthland, lord Shrewsbury...

AMY.

Est-ce là tout?

SIR HUGH.

J'ai vu aussi, ce matin, le jeune marquis de Northampton... et, j'oubliais... le possesseur de ce château de Kenilworth, le ministre favori de la reine, le maître de votre séducteur, lord Leicester...

AMY. (Elle conduit sir Hugh à la porte de la galerie vitrée au fond de la salle.)

Venez, mon père; retirez-vous dans cette galerie; celui que tout à l'heure vous verrez entrer ici, c'est l'époux noble et honoré de votre Amy.

SIR HUGH, d'un ton radouci.

Il faut donc se prêter à vos folies, ma fille.

AMY.

Vous ne le regretterez pas, mon père. Un dernier mot. Je vais avoir un entretien avec mon mari, où peuvent se mêler des secrets qu'il serait criminel à moi de trahir. Promettez-moi donc de vous placer de façon à tout voir, mais à ne rien entendre. Me le promettez-vous?

SIR HUGH.

Vous en avez ma foi de chevalier. (Il entre dans la galerie.)

SCÈNE IV

AMY, puis VARNEY.

AMY, seule.

Je fais mal peut-être d'éluder ainsi les défenses de mon mari. Je vais lui en demander pardon à lui-même. Il comprendra que je ne pouvais pas laisser plus longtemps souffrir mon père. — Ah ! c'est lui. (Courant à la porte.) Mon Dudley !...

FOSTER, annonce.

Sir Richard Varney. (Il se retire. Entre Varney.)

AMY, surprise.

Vous, monsieur Varney !... Que veut dire ce titre ?

VARNEY.

C'est celui que m'a conféré, aujourd'hui même, sa majesté.

AMY.

Ah !... Mes compliments. — Mais qui vous amène, monsieur ?

VARNEY.

Milady, l'ordre exprès de mon maître.

AMY.

C'est lui-même que j'attendais.

VARNEY, lui présentant le billet.

Il m'a chargé de vous remettre ceci.

ACTE III, SCÈNE IV.   89

AMY, douloureusement.

Il ne viendra pas!

VARNEY.

Des soins importants... ses devoirs près de la reine.

AMY, après avoir lu.

Je vois que milord vous a chargé, monsieur, d'une mission près de moi. Parlez, je vous écoute... Eh bien, qu'est-ce qui vous arrête?

VARNEY, feignant l'embarras.

C'est que... je ne sais... Ce que j'ai à dire offensera peut-être milady.

AMY.

Rien de ce qui vient de milord ne peut m'offenser. Parlez, monsieur Varney.

VARNEY, à part.

Elle ne daignera pas me dire une seule fois sir Richard. (Haut.) Je suis chargé, madame, de vous préparer à de tristes changements de fortune.

AMY.

Que voulez-vous dire?

VARNEY.

Milady doit savoir avec quelle puissance s'impose la volonté de l'auguste reine qui tient sous son sceptre l'Angleterre.

AMY.

Sans doute, et quel anglais n'est fier d'obéir à cette glorieuse Élisabeth, qui a fait vœu, devant tout son peuple, de vivre et mourir vierge et reine ?

VARNEY.

Si ce double titre est nécessaire à vos respects, milady, votre admiration pour la reine aurait lieu bientôt de diminuer de moitié. — On parle du mariage prochain de sa majesté.

AMY.

En effet, il y a eu, je crois, des princes d'Espagne et de France sur les rangs. N'a-t-on pas nommé le roi Philippe ? le duc d'Anjou ? ou n'est-ce pas le duc d'Alençon ?...

VARNEY.

Votre seigneurie n'est pas très exactement informée. — La reine, qui pouvait choisir parmi les plus belles couronnes royales de l'Europe, a daigné arrêter ses yeux sur un de ses sujets.

AMY.

Comment ! le duc de Lincoln, peut-être ?...

VARNEY.

Il est catholique.

AMY.

Serait-ce le duc de Limmerick ?

VARNEY.

Un irlandais !

AMY.

Je ne vois guère alors que le duc de Ruthland.

VARNEY.

Il est marié. — Il est vrai que ce ne serait pas un obstacle.

AMY.

Qu'osez-vous dire là, monsieur?

VARNEY.

Une triste vérité politique, milady. Les têtes couronnées ne sont point sujettes à la loi commune, et les mariages qui gênent les trônes se brisent.

AMY.

Comment ! le trône n'est que le trône, et le mariage, c'est l'autel.

VARNEY.

Oh ! mais l'autel...

AMY.

D'ailleurs, que m'importe à moi le mariage de la reine ?

VARNEY.

Plus que vous ne pensez, milady. — Lord Ruthland n'est pas, au reste, celui dont il s'agit. Parmi tous nos seigneurs anglais, ce n'est pas même à une couronne ducale que la reine associerait la sienne, c'est à une simple couronne de comte.

AMY.

Mon Dieu! qu'est-ce que cachent ces menaçantes paroles? Vous m'annoncez des changements de fortune... La reine est à Kenilworth... Mon mari lui donne des fêtes, il est son favori... Se pourrait-il?...

VARNEY.

Il se pourrait, madame.

AMY.

Juste ciel! Dudley, mon généreux Dudley, me tromper, m'abandonner! lui, un gentilhomme! un pair d'Angleterre! C'est impossible! Vous mentez!

VARNEY.

Je n'ai rien dit, madame...

AMY.

Non, mais vous m'avez tout fait entendre. — Qui trahissez-vous ici?

VARNEY.

Je disais bien que mes paroles offenseraient milady. Ah! cette commission m'est par trop pénible, je me retire.

AMY, l'arrêtant.

Non, restez! Je veux savoir...

ACTE III, SCÈNE IV.

VARNEY.

J'en ai déjà trop dit; mon maître ne m'avait pas autorisé à tout dévoiler, bien au contraire !

AMY.

Quoi ? que voulait-il me cacher ? Parlez, vous dis-je !

VARNEY.

Eh bien, — la reine... aime le comte.

AMY, anéantie.

Elle l'aime !... Et lui ?

VARNEY.

Lui, madame ?... Que voulez-vous ? l'Angleterre désire ce mariage, la France l'appuie, l'Espagne le laisse faire. Le peuple le célèbre dans ses chansons, les astrologues le lisent dans le ciel, les courtisans dans les yeux de la reine, et la reine...

AMY.

Et la reine, achevez !... dans les yeux de Leicester.

VARNEY.

Je n'ai point parlé de milord.

AMY.

Je vous en parle, moi ! — Que pense, que fait le comte ?

VARNEY.

Ce qu'il pense ? Dieu seul le sait. Ce qu'il fait ?

lui-même le sait à peine encore... Cependant l'amour d'une reine, et d'une reine qui peut faire un roi!... la nécessité de toujours monter quand on a mis le pied sur l'échelle de l'ambition!... tout perdre ou tout conquérir! le trône ou l'abîme! — Enfin, refuse-t-on de partager un lit que surmonte un dais royal?

AMY.

J'entends! (Elle tombe accablée dans un fauteuil.) Les unions gênantes se brisent, disiez-vous? Ah! Leicester, pourquoi ce sacrilège? A quoi bon offenser Dieu par un divorce et les hommes par un parjure? Crois-tu donc que je pourrais survivre à ton amour perdu? Va, va, laisse faire la douleur! ton ambition n'attendra pas longtemps ta liberté.

VARNEY, à part.

La chose est en bon chemin!

AMY, se levant, saisie d'une pensée subite.

Oh! mais je ne pense qu'à moi. Et mon père? Je ne pense qu'à mon amour. Et mon honneur? Je croyais rendre à mon père sa fille heureuse et fière, aimée et respectée de son mari. Je la lui rendrai délaissée comme une maîtresse, renvoyée comme une servante, sans avoir été un jour, une heure, reconnue femme légitime. (Cachant sa tête dans ses mains.) O honte!

VARNEY, avec une feinte timidité.

Si j'osais hasarder une parole, je dirais à milady

ACTE III, SCÈNE IV.

qu'elle peut cesser d'être comtesse de Leicester sans cesser d'être femme légitime.

AMY, le regardant étonnée.

Comment ?... Je ne vous comprends pas, monsieur.

VARNEY.

Au moment où le comte de Leicester, entraîné sur l'irrésistible pente de l'ambition, abandonne pour les vaines pompes du trône un trésor bien au-dessus de toutes les royautés de la terre, si un homme se présentait à vous, madame, moins éclatant, mais moins aveugle, qui, au lieu d'un titre illustre dans un mariage clandestin, vous offrait, avec un nom honorable, une union hautement et fièrement proclamée; si cet homme...

AMY, l'interrompant et se contenant.

Pardon! c'est de vous-même, je pense, que vous me parlez, monsieur Varney?

VARNEY.

Eh bien, oui, c'est de moi, madame; de moi qui, au lieu du cœur égoïste et inconstant qui vous échappe, ose mettre à vos pieds un amour profond et dévoué; de moi, qui préférerais un de vos regards à tous les sourires de toutes les reines de la terre.

AMY.

Et vous me proposez de devenir madame Varney?

VARNEY.

Non, milady Varney! c'est le titre que portera la femme de sir Richard, non plus écuyer d'un comte, mais chevalier libre du royaume d'Angleterre.

AMY.

Bien! mais mon changement de nom et de condition, à moi, ne semble pas pouvoir être si simple et si facile?

VARNEY.

Il se trouve, au contraire, qu'aux yeux de plusieurs, aux yeux de votre père lui-même, je passe déjà pour être l'heureux élu à qui votre cœur s'est donné. Souffrez, en attendant la consécration suprême, que l'apparence continue à devancer la réalité. Permettez qu'aujourd'hui, tout à l'heure, au cercle de la reine, je vous présente à sa majesté comme ma femme légitime. Acceptez que, sous ce nom...

AMY, éclatant.

Assez! ah! tu t'es démasqué, Richard Varney! Voilà donc où tu voulais m'amener par tes artifices! Tu me présentais Leicester comme infidèle, pour me rendre infidèle moi-même! J'ai vu, Dieu merci, le piège à temps! L'abandon dont tu me menaçais, mensonge! ce projet de mariage avec la reine, calomnie! Ah! quel bonheur! O mon noble Dudley, Dudley, pardonne-moi d'avoir pu un instant prêter l'oreille aux fourberies de ce misérable!

VARNEY.

Ainsi vous ne croyez pas au billet écrit et signé de la main de milord?

AMY.

Je crois que la trahison est double et que tu nous trompes tous deux.

VARNEY.

« Tout ce que fait Varney, il le fait par mon ordre et par ma volonté, » dit le comte. Sa volonté est que, pour son salut et le vôtre, je vous présente à la reine comme ma femme.

AMY.

Silence, imposteur!

VARNEY.

Et prenez garde! son ordre, si vous n'obéissez pas, est que j'use d'un moyen plus violent et plus terrible...

AMY.

Taisez-vous, valet!

VARNEY.

Ah! c'est trop! ah! vous ne craignez pas de changer mon amour en haine! (s'avançant sur elle.) Vous oubliez que nous sommes seuls et que vous êtes en mon pouvoir.

AMY, effrayée.

A moi! à moi, mon père!

VARNEY, riant.

Votre père? ah! ah! vous imaginez-vous que votre voix puisse porter de Kenilworth à Templeton?

AMY.

Mon père! mon père!

SIR HUGH, paraissant.

Me voici.

VARNEY, atterré.

Sir Hugh Robsart!

SCÈNE V

Les Mêmes, SIR HUGH ROBSART.

SIR HUGH.

Me voici à votre appel, ma fille. Mais, en vérité, il n'était pas besoin de tant de précaution et de mystère pour me faire voir l'homme qui est votre mari!

AMY.

Vous vous trompez étrangement, mon père. Cet homme n'est pas mon mari.

SIR HUGH.

Il n'est pas votre mari! Tête et sang! il se refuserait?...

VARNEY, vivement.

Eh! monsieur, ce serait mon bonheur et mon

honneur de nommer votre fille ma femme. L'obstacle et le refus ne vient pas de moi.

SIR HUGH.

Quoi ! viendrait-il de vous, Amy ? Vous devriez...

AMY.

Mon père, un seul mot...

SIR HUGH.

N'interrompez pas votre père ! J'aurais sans doute préféré pour la vieille maison des Robsart l'alliance avec une famille qui fût de plus antique lignée. Mais, enfin, sir Richard Varney est maintenant promu chevalier. J'ajoute qu'il est en passe de s'élever plus encore, par la faveur de son maître, le tout-puissant comte de Leicester, qui, demain peut-être, sera époux d'Élisabeth et roi d'Angleterre.

AMY.

Dieu ! que dites-vous ? Leicester ?... Êtes-vous sûr ?...

SIR HUGH.

Ne le saviez-vous pas ? Je ne fais que répéter ce que dit la rumeur universelle.

AMY, qui chancelle.

C'était donc vrai !... Dudley !... O mon Dieu ! (Elle tombe sur un fauteuil.)

SIR HUGH, courant à elle.

Ma fille ! Elle perd connaissance !

VARNEY, appelant.

Foster! Jeannette! (Jeannette entre précipitamment.) Voyez, votre maîtresse se trouve mal.

JEANNETTE, courant à Amy.

Milady!... (Elle lui fait respirer un flacon.)

VARNEY, à sir Hugh.

Laissez-la se calmer, monsieur. Elle a, vous le voyez, l'esprit troublé. Votre présence l'émeut et l'agite.

SIR HUGH.

Cependant, la quitter ainsi!...

VARNEY.

Vous reviendrez, mon vénéré père, quand elle sera mieux en état de vous entendre.

SIR HUGH, avec un regard de tendresse vers Amy.

Ma pauvre enfant!... Eh bien, je sors.

VARNEY.

Je vous accompagne. (A part.) Allons trouver Alasco.

Sortent sir Hugh et Varney.

SCÈNE VI

AMY, JEANNETTE.

JEANNETTE.

Milady!... ma bonne maîtresse!... Ah! elle rouvre les yeux.

AMY, *cherchant des yeux autour d'elle.*

Mon père!... Où est-il?...

JEANNETTE.

Il va revenir, madame. — Vous sentez-vous mieux?

AMY.

Oui, mon enfant, oui, je suis bien. — Mais, pour le moment, laisse-moi, Jeannette. J'ai besoin d'être seule. (*Retirant son collier et ses bracelets.*) Ah! tiens, emporte ces joyaux, qui maintenant me pèsent.

JEANNETTE, *après avoir remis les bijoux dans l'écrin.*

Milady n'aura qu'à m'appeler. Je ne serai pas loin. (*Elle sort.*)

AMY, *seule, reste quelque temps immobile et muette et promène autour d'elle des yeux égarés.*

Est-ce que réellement je ne rêve pas?... Ce que me disait ce Varney, c'est donc possible! c'est donc vrai! le crime de Dudley m'est affirmé par la voix de mon père! Hélas! je suis maintenant si peu de chose dans ce monde, ma place y est si ignorée, que l'on parle devant moi de ce qui me déchire les entrailles comme d'une nouvelle indifférente, ou même heureuse ! Ainsi, demain, oui, demain peut-être, sans que la mort ait visité Kenilworth, il n'y aura plus de lord ni de lady Leicester ! Lui, sera roi d'Angleterre, et moi !... (Rentre Jeannette, portant un gobelet d'argent sur un plat de vermeil.)

JEANNETTE.

Madame... milady !

AMY, se détournant brusquement.

Que me veut-on ? laissez-moi ! (Elle reconnait Jeannette et reprend avec douceur.) Ah ! c'est toi, Jeannette ! pardon...

JEANNETTE.

Que vous êtes bonne, madame, pour être si malheureuse !

AMY.

Oh ! oui, bien malheureuse, chère enfant ! Mais que m'apportes-tu là ?

JEANNETTE.

Une potion calmante que Foster m'a remise pour vous, un breuvage qui doit vous rendre un peu de repos après toutes vos souffrances.

AMY.

Le repos, Jeannette ! il n'en est plus pour moi que dans la tombe. Mais pose ceci sur la table, et va.

JEANNETTE.

Milady boira?

AMY.

Oui, je boirai. Va, va, mon enfant.

JEANNETTE, à part.

Comme elle est pâle, pour une comtesse! (Elle pose le plat sur la table près d'Amy et sort.)

SCÈNE VII

AMY, puis FLIBBERTIGIBBET.

AMY, seule.

Esprits simples qui s'imaginent que les plaies de l'âme peuvent se guérir avec les remèdes du corps, que le désespoir n'est qu'une maladie, et qu'on peut rendre le sommeil à des yeux qui ne peuvent plus même pleurer! A quoi bon boire ceci?... Cependant, ces bons serviteurs qui m'ont préparé ce breuvage, qui se sont dit : « Cela fera du bien à notre pauvre maîtresse ! » dédaignerai-je leurs soins ? Il n'y a plus au monde que ces deux cœurs qui s'intéressent à moi, il n'y a plus que ce concierge et cette servante qui aient pitié de la comtesse de Leicester; puisqu'ils veulent me soigner, je leur dois au moins de me laisser faire... Buvons. (Elle prend le gobelet et le porte à ses lèvres.)

UNE VOIX, comme de l'intérieur des murs.

Ne buvez pas!

AMY, s'arrêtant.

Qui me parle? (La porte d'Alasco s'ouvre et donne passage à Flibbertigibbet, qui se place d'un bond en face de la comtesse.)

FLIBBERTIGIBBET.

Moi, noble dame. — Ne buvez pas!

AMY, étonnée.

Vous! qui êtes-vous?

FLIBBERTIGIBBET.

Ne reconnaissez-vous pas le pauvre lutin à qui vous avez sauvé la vie?

AMY.

Ah! c'est vous!... Mais n'étiez-vous pas en prison?

FLIBBERTIGIBBET.

Oui, dans la tour de Mervyn, la tour des oubliettes, sous les verrous d'un affreux cachot, où l'on pénètre par un inquiétant couloir dont le parquet sonne terriblement creux!

AMY.

Vous avez donc pu vous en échapper?

FLIBBERTIGIBBET.

Je doute que, malgré ma prestesse de lutin, j'aie pu opérer ce prodige. J'ai été tiré de là par un vieux diable, de son nom terrestre Alasco. Un passage secret, ménagé dans l'épaisseur du mur, communiquait de ma cellule à son laboratoire. Oh! ce n'est

ACTE III, SCÈNE VII.

pas par bonté d'âme qu'il m'a délivré, ce cher Alasco! Il a fait ses conditions. On me chargeait de la délicate mission de vous enlever d'ici endormie. Endormie de quelle espèce de sommeil? je l'ignore. J'ai pu saisir quelques mots d'un rapide colloque entre votre Varney et mon Alasco. Varney venait chercher une boisson commandée par lord Leicester et destinée à lady Leicester. Cette boisson, la voilà.

AMY.

Et qu'est-ce que c'est que cette boisson?

FLIBBERTIGIBBET.

Il n'y a pas à s'y méprendre. Elle sort de la cuisine d'Alasco : c'est du poison!

AMY.

Du poison! Et c'est Leicester qui me l'envoie?

FLIBBERTIGIBBET.

C'est lui qui a commandé pour vous ce breuvage.

AMY.

Mon Dieu, pardonnez-moi! (Elle reprend le gobelet et le porte vivement à ses lèvres.)

FLIBBERTIGIBBET, l'arrêtant.

Que faites-vous, madame? C'est du poison, je vous dis! Ne m'avez-vous pas entendu?

AMY.

Sans doute, j'ai entendu; mais, puisque c'est

Leicester qui l'envoie, ce poison, il faut bien que je le boive. (Elle porte de nouveau le gobelet à ses lèvres; Flibbertigibbet le lui arrache.)

FLIBBERTIGIBBET.

Non ! vous m'avez sauvé la vie, c'est mon tour ! Au diable cette liqueur du diable ! (Il jette le gobelet à terre.) Vous verrez qu'avant une heure ce plancher sera aussi noir que s'il avait été brûlé par le triple souffle de Cerbère.

AMY, l'œil fixé sur le breuvage répandu.

Qu'avez-vous fait, et que vais-je devenir, maintenant que je n'ai plus de poison ?

FLIBBERTIGIBBET.

Ce que vous deviendrez, ma noble jeune dame ? De par Shakespeare ! entre un mari qui vous empoisonne en guise de divorce et un Varney qui vous convoite, il n'est qu'un parti d'usage immémorial dans toutes les tragédies, comédies et pantomimes : — la fuite.

AMY.

Pourquoi fuirais-je ? et où fuirais-je ?

FLIBBERTIGIBBET.

Eh ! n'avez-vous nulle part de famille ? quelque frère ? quelque père ?

AMY.

Mon père !... Oui, vous avez raison, mon père ! Ah ! je suppose qu'à présent je suis relevée de mon

ACTE III, SCÈNE VII.

serment! Je dirai tout à mon père! Je mourrai du moins justifiée, pardonnée. Fuyons, oui, fuyons! — Seulement, par où fuir?

FLIBBERTIGIBBET.

Eh! par cette fenêtre, qui n'a guère qu'un étage au-dessus des arbres du parc. Hier je voulais épouvanter Alasco, j'avais caché là, dans les broussailles, une échelle... (Se penchant à la fenêtre.) Elle y est encore. Je vous aiderai à descendre. Pur enfantillage, madame!

AMY.

Allons! oui, j'ai hâte de retrouver mon père!

FLIBBERTIGIBBET.

Attendez! n'oubliez-vous rien? (Il prend la pelisse jetée sur le fauteuil.) Cette pelisse... (Regardant sur la table.) Qu'est-ce que ce parchemin? Un laisser-passer de la reine! Bonté divine! ne négligeons pas ce précieux viatique! (Il cache le parchemin dans sa poitrine.) A présent, venez, venez, madame!

AMY.

A la garde de Dieu! (Flibbertigibbet l'aide à franchir la croisée.)

ACTE QUATRIÈME

Le parc de Kenilworth. Au fond, dans l'éloignement, à travers les arbres, se découpent les toits du château neuf. — A droite, la fontaine de Neptune.

SCÈNE PREMIÈRE

AMY, FLIBBERTIGIBBET, entrant vivement.

FLIBBERTIGIBBET.

On s'est aperçu de votre fuite, madame. Alasco et Foster vous cherchent par le bois. Heureusement, l'un est vieux et l'autre est lourd, et ce coin touffu et accidenté du parc se prête à merveille au jeu de cache-cache.

AMY.

Il faudrait s'informer... savoir où je retrouverais mon père...

FLIBBERTIGIBBET.

Si je pouvais vous laisser seule un instant, j'aurais bientôt fait de vous amener sir Hugh Robsart...

— Mais, attention ! on vient de ce côté !... — Dieu ! le comte de Leicester ! avec son digne écuyer !

AMY, amèrement.

Leicester, Varney ! hélas, les deux complices !

FLIBBERTIGIBBET.

Oh ! venez, madame, venez ! Tout est perdu s'ils vous voient ! (Il l'entraîne dans le taillis à gauche.)

SCÈNE II

LEICESTER, VARNEY.

LEICESTER.

Parle vite ! La reine achève sa promenade autour de la pièce d'eau. J'ai hâte de la rejoindre.

VARNEY, violemment agité.

Milord était témoin, j'avais pu faire entendre à la reine que ma femme, très souffrante, n'était pas en état de lui être présentée. A ce même moment, on vient m'annoncer que la comtesse est en fuite ! C'est plus que de la résistance, milord, c'est de la révolte.

LEICESTER, pensif.

Je ne peux pas lui faire un crime de cette résistance, Varney ; ce serait lui faire un crime de son amour.

VARNEY.

La comtesse risque, milord, de vous infliger un démenti...

LEICESTER.

Elle reste, elle, dans la droiture et dans la loyauté. Ce devrait être là ma voie, Varney, et non pas celle où tu m'engages.

VARNEY.

Celle où vous êtes conduit à la grandeur, à la puissance suprême.

LEICESTER.

Elle y conduit par le mensonge et la trahison.

VARNEY.

Ah ! maintenant, milord, il est trop tard pour reculer. Élisabeth, aveuglée moins par vous que par elle-même, s'est livrée avec un abandon qui vous permet de tout espérer, mais qui doit vous faire tout craindre. Le jour où elle ouvrirait les yeux, le réveil serait terrible. Représentez-vous ce que peut la colère d'une femme outragée qui est une reine. Prenez-y garde ! ce ne sont plus seulement vos biens et vos honneurs qui sont en jeu, c'est votre vie. Et la comtesse n'est pas plus en sûreté que vous. La reine pourra épargner l'homme qu'elle aime ; épargnerait-elle la rivale qu'elle déteste ?

LEICESTER.

Eh ! c'est justement devant ce danger d'Amy qu'à

présent je recule. Je dois à tout prix la défendre et la préserver.

VARNEY.

Et comment? On ne lutte pas avec une reine!

LEICESTER, réfléchissant.

Aussi ne le tenterai-je pas. Mais demain, ce soir peut-être, la reine ne sera plus à Kenilworth. Alors...

VARNEY, effrayé.

Grand Dieu! milord ne pense pas à quitter l'Angleterre! milord ne jettera pas au vent de l'exil les espérances de la plus brillante fortune qu'on ait jamais rêvée!

LEICESTER.

Fortune à laquelle se rattache la vôtre, n'est-ce pas, monsieur Varney? Mais je compte sur votre dévouement...

VARNEY.

Milord!...

LEICESTER.

Allons! qu'on cherche la comtesse! Non pas pour l'enlever, mais pour que je lui parle. Venez, rejoignons la reine. (Il sort.)

VARNEY, le suivant, à part.

S'il part, je suis un homme ruiné! S'il revoit la comtesse, je suis un homme mort! (Il rejoint Leicester.)

SCÈNE III

FLIBBERTIGIBBET, AMY, puis VARNEY.

FLIBBERTIGIBBET.

(Il sort du massif, et suit des yeux Leicester et Varney.)

Les voilà qui s'éloignent. Revenez, madame; vous pouvez sortir en sûreté de votre citadelle de broussailles; mais prenez garde à vos beaux yeux, car je n'ai jamais vu branches plus disposées à vous caresser les paupières de leurs épines. (Amy paraît.)

AMY.

Quand je pense que je me cache de Leicester comme d'un ennemi!

FLIBBERTIGIBBET.

Et contre cet ennemi, je vais, moi, vous aller chercher votre protecteur naturel, votre père. Tenez, dissimulez-vous là, dans l'angle de cette fontaine, d'où vous pourrez, au besoin, gagner le taillis...
(Il la conduit. Varney reparaît au fond.)

VARNEY, à part.

Il me semble avoir aperçu ce Flibbertigibbet... (Voyant Amy.) Oh! la comtesse!... Que faire? — Si j'osais?... Le coup serait bien hardi! Mais l'audace m'a réussi jusqu'à présent, et, dans l'extrémité où je suis, il faut risquer tout pour tout sauver. (Il s'éloigne.)

FLIBBERTIGIBBET, à Amy.

Attendez-moi là, milady. Avant un quart d'heure, je reviens avec sir Hugh Robsart. (Il sort.)

AMY, seule.

J'ai abandonné mon père pour suivre mon mari, et voilà qu'aujourd'hui je n'ai plus qu'une idée, c'est de quitter mon mari pour rejoindre mon père. Leicester! est-il possible qu'après avoir tenté de me faire passer pour la femme de ton valet, tu aies voulu m'empoisonner! Hélas! qui peut une lâcheté peut un crime. Où est-il, le grand comte, le noble Dudley? Tout est fini! Il n'y a plus pour lui dans mon âme une étincelle d'amour; le mépris a tout éteint. Je ne le hais même pas. (Elle s'est assise, pâle et immobile, sur un fût de colonne, près de la fontaine. — La reine paraît.)

SCÈNE IV

AMY, LA REINE.

LA REINE, lisant un billet.

Qu'est-ce que signifie cet avis mystérieux? «...Que la reine se rende seule à la fontaine de Neptune...» La voilà. — (Découvrant Amy.) Quelle est cette femme?

AMY.

La reine! ô ciel! la reine! c'est la reine!

ÉLISABETH.

Qu'est cela? Femme, que faites-vous ici?

AMY.

Votre majesté... Je passais, je me retire...

ÉLISABETH.

Non, parlez. Vous paraissez troublée et prête à défaillir. Jeune fille, rassurez-vous. Vous êtes devant votre reine.

AMY.

C'est pour cela, madame, que je tremble.

ÉLISABETH.

Rassurez-vous, vous dis-je! Avez-vous quelque grâce à me demander?

AMY.

Madame!... Eh bien, oui, je demande votre protection, madame. (Elle tombe aux genoux de la reine.)

ÉLISABETH.

Toutes les filles de notre royaume y ont droit lorsqu'elles la méritent. Relevez-vous et reprenez vos sens. Qui êtes-vous? Pourquoi et en quoi notre protection vous est-elle utile?

AMY.

Madame... Que puis-je dire?... je ne sais pas...

ÉLISABETH.

Voilà qui ressemble à de la démence. Nous ne sommes pas accoutumée à répéter une question sans obtenir de réponse.

AMY.

Je vous supplie... j'implore votre majesté... Daignez ordonner qu'on me rende à mon père.

ÉLISABETH.

Eh mais! il faut que je le connaisse d'abord, ce père. Qui êtes-vous? qui est-il?

AMY.

Je suis Amy, fille de sir Hugh Robsart.

ÉLISABETH.

Robsart! En vérité, je ne suis occupée, depuis deux jours, que de cette famille. Le père me demande sa fille, la fille me demande son père. Vous ne me dites pas encore tout ce que vous êtes. Vous êtes mariée?...

AMY.

Mariée!... Dieu! vous savez donc?... Oui, madame, il est vrai... pardonnez! oh! pardonnez-moi! Au nom de votre auguste couronne, grâce!...

ÉLISABETH.

Vous pardonner, ma fille? Eh! qu'ai-je à vous pardonner? C'est l'affaire de votre père que vous avez trompé. Je sais, vous le voyez, toute votre histoire; votre rougeur la confirme. Vous vous êtes laissé séduire, enlever...

AMY, fièrement.

Oui, madame; mais celui qui m'a séduite et enlevée m'a épousée.

ÉLISABETH.

En effet, je sais que vous avez réparé votre faute en épousant votre ravisseur, l'écuyer Varney.

AMY.

Varney!... Oh! non, madame, non, comme il existe un ciel sur nos têtes, je ne suis pas la misérable créature que vous croyez! je ne suis pas la femme de cet odieux Varney!

ÉLISABETH.

Quoi? que veut dire ceci?... Il me paraît, femme, qu'on n'a pas besoin de vous arracher les paroles quand le sujet vous convient! (Comme à elle-même.) De qui suis-je le jouet ici? Il se trame quelque mystère indigne. (Haut.) Amy Robsart, c'est en présence du noble comte de Leicester, son maître, que Varney s'est déclaré ton mari...

AMY, douloureusement.

C'est en présence du comte!...

LA REINE.

Oui; mais qui donc, dis-moi, as-tu épousé? De par le jour qui nous luit, je saurai de qui tu es la maîtresse ou la femme. Allons! parle, et sois prompte, car tu risquerais moins à te jouer d'une lionne qu'à tromper Élisabeth d'Angleterre.

AMY.

Demandez au comte de Leicester, il sait la vérité.

ÉLISABETH.

Leicester! Le comte de Leicester!... Femme, tu le calomnies! Qui t'a poussée à cet odieux mensonge? Qui t'a soudoyée pour outrager le plus noble lord, le plus loyal gentilhomme de ce royaume? Viens sur-le-champ avec moi... — Mais le voici lui-même qui nous cherche. (Élevant la voix.) Par ici! par ici! — Nous tînt-il plus étroitement que notre main droite, tu vas être confrontée avec lui, tu seras entendue en sa présence, afin que je sache qui est assez insensé en Angleterre pour mentir à la fille de Henri huit!

SCÈNE V

AMY, ÉLISABETH, LEICESTER, VARNEY, TOUTE LA COUR.

Élisabeth, les yeux fixés sur Leicester; Amy, pâle et défaillante.

LEICESTER, à part, avec un mouvement de terreur.

Ciel! Amy avec la reine!

ÉLISABETH, à part.

Comme il pâlit! (Haut.) Milord de Leicester, connaissez-vous cette femme?

LEICESTER, d'une voix basse.

Madame...

ÉLISABETH, avec force.

Milord de Leicester, vous connaissez cette femme?

LEICESTER.

La reine daignera-t-elle me permettre d'expliquer...

ÉLISABETH.

Est-ce moi que vous avez osé tromper? moi, votre bienfaitrice, votre confiante et trop faible souveraine? Votre trouble semble avouer votre trahison. S'il y a quelque chose de sacré sur la terre, j'en jure par cela, déloyal comte, votre perfidie sera dignement récompensée!

LEICESTER, abattu.

Je n'ai jamais voulu vous tromper, madame.

ÉLISABETH.

Taisez-vous! Votre tête, milord, me paraît être en aussi grand péril que le fut jamais celle de votre père.

AMY, à part.

O Dieu!

LEICESTER, se redressant et d'une voix ferme.

Reine, ma tête ne peut tomber que par le jugement de mes pairs. C'est à la barre du parlement impérial d'Angleterre que je plaiderai ma cause, et non devant une princesse qui récompense de la sorte mes fidèles services. Le sceptre de votre majesté n'est pas une baguette de fée pour dresser en un jour mon échafaud.

ÉLISABETH.

Vous tous, milords, qui m'entourez, vous avez

entendu! On nous défie, ce nous semble, on nous brave dans le château même que cet homme superbe tient de notre royale bienveillance! Milord Shrewsbury, vous êtes comte-maréchal d'Angleterre, vous attaquerez ce rebelle en haute trahison.

AMY, à part.

Juste ciel!... Je ne croyais plus tant l'aimer!

ÉLISABETH.

Ne levez pas ainsi fièrement la tête, Dudley, comte de Leicester. Notre illustre père Henri huit faisait tomber les têtes qui ne se courbaient pas. Allons! mon cousin lord Hunsdon, que les gentilshommes pensionnaires de notre suite se tiennent prêts; mettez cet homme en lieu de sûreté. Qu'il donne son épée, et qu'on se hâte! J'ai parlé. (Hunsdon tire son épée; trois gentilshommes s'avancent vers Leicester calme et immobile. Amy se précipite aux pieds de la reine.)

AMY.

Non, non, madame! Grâce! justice! Il n'est pas coupable! il n'est pas coupable! Nul ne peut accuser en rien le noble comte de Leicester!

ÉLISABETH.

Vraiment, ma fille, ceci est nouveau. N'est-ce pas vous qui l'accusiez tout à l'heure? Vous l'avez donc calomnié?

AMY.

L'ai-je accusé, madame? Oh! si je l'ai accusé, certainement je l'ai calomnié. Je mérite seule votre colère.

ACTE IV, SCÈNE V.

ÉLISABETH.

Prenez garde, insensée que vous êtes! Ne disiez-vous pas à l'instant, d'un ton significatif, que je n'avais qu'à interroger le comte, qu'il connaissait toute votre histoire?

AMY.

Je ne sais pas ce que je disais, madame; on avait menacé ma vie, ma raison était troublée...

ÉLISABETH.

Quel est votre mari ou votre amant, Amy Robsart, si, comme vous l'affirmiez tout à l'heure, vous n'êtes pas la femme de Varney?

LEICESTER, s'avançant.

Je dois déclarer ici à sa majesté...

ÉLISABETH.

Milord, laissez parler cette femme.

AMY.

Madame! (A part.) O ciel!... (Haut.) Oui, madame, je suis la femme de Varney!

LEICESTER, à part.

Trop généreuse Amy! Ah! si, en m'exposant, je ne l'exposais pas avec moi!...

ÉLISABETH.

Vous avouez donc, jeune femme, que tout le désordre dont vous venez d'être témoin est né de vos mensonges insolents et de vos absurdes impostures ? Vous convenez que vous êtes venue ici pour noircir et perdre dans notre estime l'illustre comte de Leicester ?

AMY.

Il faut bien que j'en convienne.

LEICESTER, à part.

Ah ! son dévouement me déchire ! (Haut.) Que votre majesté daigne à présent m'écouter...

ÉLISABETH, souriant.

Un instant encore, cher noble comte; de grâce, laissez-nous le plaisir de voir votre innocence éclater d'elle-même. Vos ennemis ont suscité contre vous cette malheureuse. Laissez-nous l'interroger.

VARNEY, s'avançant.

Madame, elle n'est pas aussi coupable qu'elle le semble à votre majesté. J'espérais que son mal aurait pu rester caché. Mais la reine a dû s'apercevoir que sa raison égarée...

LEICESTER, à part.

Misérable !

AMY, à part.

Il faut soutenir le sacrifice jusqu'au bout.

ÉLISABETH.

Moi, en vérité, sir Varney, je penche bien plutôt à croire que les ennemis de votre maître se sont servis de votre femme comme d'un instrument pour ébranler un crédit, qu'ils n'ont fait qu'affermir. Nous allons ce soir quitter Kenilworth, nous laisserons des ordres. En attendant que nous disposions d'elle, qu'on emmène cette femme dans la prison de la tour. Lord Hunsdon, c'est vous que je charge de cette prisonnière. Qu'elle soit étroitement gardée, et donnez l'ordre que personne — personne, fût-ce le maître de ce château — ne puisse pénétrer auprès d'elle, s'il n'est muni d'un sauf-conduit signé de notre propre main. Vous entendez, milord. (Lord Hunsdon s'incline. — On entraîne Amy.)

LEICESTER, à part.

O douleur! ma bien-aimée Amy!

AMY.

Au moins, si je meurs maintenant, ce sera pour lui!

ACTE CINQUIÈME

Intérieur de la tour ronde des oubliettes. Vieille architecture normande. On voit naître au-dessus des murs le cône intérieur du toit. Au fond et au milieu, une porte de fer. A droite de cette porte, une petite fenêtre grillée. A gauche, un lit de repos. — Une grande poutre, qui sert de contrefort à la base du toit, traverse diamétralement la tour dans sa partie supérieure.

SCÈNE PREMIÈRE

AMY, seule. — Elle est assise sur le lit, pâle et les cheveux épars.

Le sacrifice est fait! Je ne sais comment, avec des fautes d'amour, je suis devenue presque une criminelle d'état. La reine est ma rivale! la reine! et sa colère ne m'aura sans doute pas touchée en vain. Aujourd'hui, la prison; demain... Dudley! on me dit que tu voulais prendre ma vie; j'aime bien mieux te prévenir et te la donner. A toi le trône, à moi la tombe. Je vais m'en aller, et tu resteras à cette Élisabeth, qui est reine. Idée affreuse! tandis qu'elle tressaillera dans tes bras, je serai étendue, moi, sur la couche solitaire et glacée du sépulcre !... O supplice ! et que la jalousie est douloureuse et poignante quand on va mourir !

(Elle cache sa tête dans ses mains et pleure. En ce moment s'ouvre à droite, dans la muraille, une porte masquée par des sculptures; elle roule silencieusement sur ses gonds, donne passage à Flibbertigibbet et se referme sans bruit d'elle-même. — Flibbertigibbet fait lentement quelques pas et se place en face d'Amy, qui n'a pas levé les yeux.)

SCÈNE II

AMY, FLIBBERTIGIBBET.

AMY, sans voir Flibbertigibbet.

Ce cachot n'est-il pas déjà la mort ? N'y suis-je pas hors du monde vivant ? Où est l'oreille qui pourrait entendre ma voix ? Où est la main qui pourrait atteindre à ma main ?

FLIBBERTIGIBBET, sans changer de posture.

Ici.

AMY.

Qui est là ?

FLIBBERTIGIBBET.

Flibbertigibbet, pour vous servir.

AMY.

Vous ! Êtes-vous donc réellement sorcier ou lutin, pour avoir pu entrer dans cette impénétrable prison, et, Dieu vous le pardonne, sans que la porte se soit ouverte ?

ACTE V, SCÈNE II.

FLIBBERTIGIBBET.

Dieu n'a malheureusement rien de ce genre à me pardonner, noble dame.

AMY.

Enfin, comment êtes-vous entré ici ?

FLIBBERTIGIBBET.

Comme vous en sortirez, madame.

AMY.

Je ne puis comprendre...

FLIBBERTIGIBBET.

C'est bien simple. (Il désigne du doigt l'entrée masquée.) Il y a ici une porte.

AMY.

Vraiment ? Et où mène-t-elle ?

FLIBBERTIGIBBET.

Je vous l'ai déjà dit ; elle mène, par un escalier secret, au laboratoire d'Alasco, et, de là, à la grande chambre d'où vous vous êtes déjà évadée une fois, et d'où, grâce à Dieu, ou au diable, vous vous évaderez encore une seconde. Mais dépêchons-nous ! Je ne sais par quel heureux hasard le vieil Alasco était dehors. Il ne peut tarder à rentrer, et le passage deviendrait difficile. Venez, venez, madame... (Il fait un pas vers la porte secrète.)

AMY.

Je te remercie, mon pauvre ami, mais je ne puis te suivre.

FLIBBERTIGIBBET.

Comment ?...

AMY.

Hâte-toi de fuir, toi. Si l'on te surprenait ici...

FLIBBERTIGIBBET.

C'est bien de moi qu'il s'agit ! Mais vous ?...

AMY.

Moi, je reste.

FLIBBERTIGIBBET, frappant du pied.

Ah çà ! est-ce que vous croyez que suis venu ici pour m'en aller comme je suis venu ? Est-ce que vous croyez que je vous laisserai dans cette atmosphère humide et froide, avec des hiboux et des chauves-souris, des araignées autour de votre lit et des geôliers à votre porte, tandis qu'il y a hors d'ici un air pur et libre, des plaines, des fleuves et des forêts ? Si vous vouliez vous laisser mourir dans ce cachot, il ne fallait pas me sauver la vie. Allons ! suivez-moi ! suivez-moi !

AMY.

Je ne puis, pauvre ami. Ne suis-je pas condamnée à mort par celui à qui mon souffle et mon âme appartiennent ? Quand j'aurais la liberté, qu'est-ce que je ferais de la vie ? Dudley ne m'est-il pas infidèle ? Dudley ne m'a-t-il pas voulu empoisonner ? Dudley ne m'abandonnait-il pas à son Varney ? Dudley ne va-t-il pas épouser Élisabeth ?

FLIBBERTIGIBBET.

Ta, ta, ta ! c'est vieux cela, madame. La décoration a changé. Votre Dudley n'est pas infidèle, il n'a point tenté de vous empoisonner, il ne vous livrait pas à son écuyer Satan-Varney, et, loin de songer à épouser la reine, il machine en ce moment contre elle un acte de haute trahison, je veux dire votre délivrance.

AMY, joignant les mains.

Serait-il possible ? Dis-tu vrai ?

FLIBBERTIGIBBET.

C'est Varney seul qui a tout tramé, tout imaginé, tout supposé et tout fait, — seul, tout !

AMY.

Ah ! c'est bien ce que j'avais d'abord pensé ! O mon Dudley, que je suis coupable envers toi !

FLIBBERTIGIBBET.

Ce n'est pas tout. Votre père sait votre mariage ; il s'est réconcilié avec votre mari ; tous deux ils se concertent en ce moment pour vous sauver ; ils sont peut-être là tous deux qui vous attendent dehors. Voulez-vous toujours rester ? Voulez-vous les faire attendre ?

AMY.

Oh ! non ! vite ! vite ! mène-moi vite près de milord ! vite près de mon père !

FLIBBERTIGIBBET.

Enfin!... Voilà le verrou tiré! Ne perdons pas une seconde! suivez-moi. (Il court à la porte masquée et cherche à la rouvrir, elle résiste. Il tente de nouveaux efforts, ils sont inutiles. La porte ne s'ébranle ni ne s'ouvre. Il revient consterné vers Amy qui le regarde faire en tremblant.)

FLIBBERTIGIBBET.

Fermée! la porte est fermée et verrouillée en dedans! Alasco et Varney seront revenus. Cette chambre laissée vide, c'était un piège.

AMY.

Ainsi, vous voilà perdu avec moi pour m'avoir voulu sauver. Malheureuse que je suis! ma mauvaise fortune est contagieuse.

FLIBBERTIGIBBET.

Ne me parlez donc plus de moi, par grâce! Je n'ai rien à perdre, moi. C'est vous qui perdez tout!

AMY.

Oui, me voilà retombée dans la nuit de mon cachot! La dernière lueur d'espérance est éteinte.

FLIBBERTIGIBBET, se redressant.

La dernière? Non pas, chère noble dame! Il ne faut jamais désespérer. Votre père et votre mari s'occupent, à cette heure même, de votre salut. De cette fenêtre, si l'on pouvait voir... (Il approche une escabelle de bois de la croisée, y monte et se hausse sur la pointe des pieds pour voir dehors.) Le soleil descend derrière les arbres du parc. Nous n'avons plus guère qu'un quart d'heure de jour. Ah ! qu'est-ce que j'aperçois, là-bas, dans l'ombre du crépuscule ? Deux hommes enveloppés de manteaux. Ils se dirigent vers la tour. Ils s'arrêtent au pied du mur. Ils le mesurent des yeux... Madame, milady, c'est eux !

AMY.

Qui, eux ?

FLIBBERTIGIBBET.

Votre père ! votre mari !

AMY.

Mon mari ! mon père ! Ne vous trompez-vous pas ? Laissez-moi voir !

FLIBBERTIGIBBET, il saute à bas de l'escabelle.

Voyez, madame.

AMY, prenant sa place à la fenêtre.

Ah ! Dieu, oui, le voilà ! c'est bien lui, mon Dudley ! Ah ! qu'on voit mal à travers ces barreaux ! (Appelant.) Mon père ! milord !

FLIBBERTIGIBBET.

La tour est trop haute pour qu'ils vous entendent. Mais agitez votre mouchoir, ils l'apercevront peut-être. (Amy agite son mouchoir en dehors des barreaux.)

AMY.

Oui, oui, ils l'ont aperçu. Ils lèvent leurs chapeaux. (Douloureusement.) Mais je les vois et ils ne peuvent me voir !

FLIBBERTIGIBBET.

N'importe ! ils sont avertis, ils vont vous délivrer.

AMY, secouant la tête.

Me délivrer !

FLIBBERTIGIBBET.

Assurément. Quelles portes ne s'ouvriraient devant le maître de ce château ? Il a le pouvoir et il a l'or.

AMY.

Cela ne lui suffira pas aujourd'hui. Il n'entrera pas dans la tour. Vous ne savez pas, tu ne sais pas, mon pauvre ami, quels ordres la reine a donnés. Personne ne peut pénétrer ici, personne.

FLIBBERTIGIBBET.

Quoi ! pas même le comte de Leicester, le ministre tout-puissant ?

AMY.

Lui, moins que tout autre. Personne n'entrera ici, te dis-je, s'il n'est muni d'un sauf-conduit signé de la main de la reine.

FLIBBERTIGIBBET.

Fort bien ! Alors, c'est ce sauf-conduit royal qu'il faudrait avoir ?

AMY.

Sans doute.

ACTE V, SCÈNE II.

FLIBBERTIGIBBET, tirant de sa poche un parchemin.

Le voilà, madame.

AMY, prenant le parchemin.

Comment! la signature de la reine! Pour le coup, c'est de la magie!

FLIBBERTIGIBBET.

A peine de la prévoyance. J'ai trouvé hier sur votre table ce talisman.

AMY.

Ah! oui, je me rappelle. Le sauf-conduit de mon père.

FLIBBERTIGIBBET.

J'ai bien fait de ne pas l'oublier comme lui. Et vite, maintenant, madame, agitez de nouveau votre mouchoir et jetez ce parchemin à vos libérateurs.

AMY, agite le mouchoir.

Ils ont vu mon signal. (Elle jette le parchemin.) A la conduite de Dieu!

FLIBBERTIGIBBET.

Suivez-le des yeux. — Que devient-il?

AMY.

Il descend. Il tournoie. Le voici à la hauteur des arbres.

FLIBBERTIGIBBET.

Pourvu qu'il ne s'y niche pas!

AMY.

Non, il tombe. Le voilà à terre, devant eux.

FLIBBERTIGIBBET.

L'ont-ils?

AMY.

Ils l'ont !

FLIBBERTIGIBBET.

Nous sommes sauvés !

AMY.

Mon Dudley baise le parchemin. Il me fait signe. Les voilà qui se dirigent tous deux vers la poterne. L'angle du mur me les dérobe, je ne les vois plus.

FLIBBERTIGIBBET.

C'est pour les revoir bientôt, et de plus près, noble dame.

AMY, descendant de la fenêtre.

Dieu soit béni ! (Elle regarde sa toilette négligée.) Il va venir. En quel état vais-je le recevoir ? Les cheveux en désordre, cette robe toute fripée...

FLIBBERTIGIBBET.

Bon signe ! la tristesse a fait place à la coquetterie ! — Mais je crois entendre marcher. (Il va écouter à la porte de fer.) Ce sont des pas d'hommes. Pourquoi donc le plancher de ce corridor sonne-t-il ainsi le creux ? (On entend le bruit d'une clef dans la serrure.) On ouvre, madame, on ouvre !

La porte du fond s'ouvre. Entrent sir Hugh et Leicester.

SCÈNE III

Les Mêmes, LEICESTER, SIR HUGH.

AMY, se précipitant dans les bras de Leicester.

Milord !

LEICESTER, la serrant sur son cœur.

Ma bien-aimée !

FLIBBERTIGIBBET.

Elle était pâle comme une morte, la voilà rose comme une fiancée. Ces jeunes filles changent de couleur plus souvent et plus vite que l'étoile Aldebaran.

LEICESTER.

Tu dois bien m'en vouloir, Amy. Comment effacerai-je jamais mes torts ? Oh ! pardonne-moi !

AMY, toujours dans ses bras.

Ah ! c'est de toi, mon noble comte, que tous les pardons doivent venir. De quoi ai-je osé te soupçonner ? (A sir Hugh.) Et vous, mon père, m'avez-vous aussi pardonné ? me pardonnez-vous ?

SIR HUGH, les tenant tous deux embrassés.

Ma fille !... Mon enfant !

FLIBBERTIGIBBET.

Sur ce, la porte est ouverte, que tardons-nous

LEICESTER.

Il a raison, le temps est précieux. Écoute, ma bien-aimée; tout est prêt pour ton évasion, pour la mienne. D'ici à une heure, une voiture nous attendra dans le bois. Des amis sûrs, Strashallan, le comte de Fife, protégeront notre fuite. Un brick prêt à faire voile pour la Flandre nous recevra sur la côte; et, avant que le jour se lève, nous voguerons ensemble vers le bonheur, toi loin de la prison, moi loin de la cour, délivrés tous deux.

AMY.

Quoi! milord, vous quittez pour moi honneur, rang, faveur, fortune, et ce théâtre éclatant où l'Europe vous admire? Que de sacrifices vous faites à une pauvre femme!

LEICESTER.

Cette pauvre femme, comme tu dis, en a fait bien d'autres pour moi.

AMY.

Vous vous condamnez à l'exil!

LEICESTER.

N'est-ce pas toi qui es ma patrie?

AMY.

Dudley, tu renonces à tout.

LEICESTER.

A rien, puisque toi seule es tout pour Dudley.

AMY.

Qui sait? à un trône peut-être?

LEICESTER.

Un trône? Va, en quittant la reine pour te suivre, quelque chose me dit que je ne renonce qu'à la chance de monter, un matin, non les marches d'un trône, mais l'échelle d'un échafaud.

SIR HUGH.

Milord, n'oubliez pas que, pour l'heure, elle vous attend, cette impérieuse reine.

LEICESTER.

Oui, il faut que nous te laissions, ma chère femme.

AMY.

Eh quoi! vous ne m'emmenez pas?

LEICESTER.

Pas encore. La reine, dans une heure, aura quitté Kenilworth. En ce moment, sa suite emplit encore le château, et ta fuite serait impossible. Je vais lui tenir l'étrier; et, dès qu'elle sera partie, je reviens. Kenilworth sera désert, et, à la faveur de la nuit, je t'enlève de cet horrible cachot.

AMY, souriant.

Ce sera la seconde fois que vous m'aurez enlevée, milord... Ah! pardon, mon père!

LEICESTER, à Flibbertigibbet.

Toi, lutin, suis-nous. Je vais avoir besoin de tes

services pour disposer tout, pendant que je serai près de la reine.

FLIBBERTIGIBBET.

A vos ordres, milord.

AMY.

Je vais donc rester encore seule ?

LEICESTER.

Une heure tout au plus, ma bien-aimée.

AMY, suspendue à son cou.

Vous souvient-il, milord ? dans les premiers temps de notre amour, c'est le son de votre cor qui m'annonçait votre présence au bois de Devon. Eh bien, il faut que, ce soir, vous m'annonciez votre retour de la même manière.

LEICESTER.

Je te le promets. Sois heureuse, sois tranquille. Adieu.

AMY.

Adieu. (Ils s'embrassent. Le comte sort avec sir Hugh et Flibbertigibbet.)

SCÈNE IV

AMY, seule.

Adieu !... Il y a quelque chose de saisissant dans ce mot; c'est comme si l'on se renvoyait à l'éternité ! (Elle s'assied sur le lit et rêve.) Ils s'éloignent ; je n'entends plus leurs pas. Me voilà de nouveau seule. Je ne sais pourquoi les idées tristes reviennent m'assaillir. Ne suis-je pas, ne vais-je pas être heureuse ? Ne vais-je pas être libre, libre de le voir, de l'entendre, libre de l'aimer? — J'ai la tête et le corps brisés ; les émotions de cette journée m'ont accablée. Ne serait-il pas bon de prendre quelque repos au moment de commencer ce voyage... (Elle s'étend sur le lit.) ce voyage qui va me mener au bonheur ? (Peu à peu sa voix devient plus faible et son esprit semble s'appesantir.) O mon Dudley, quel doux avenir ! — L'exil, mais un exil où tu seras ; — quelque retraite bien obscure ; — de longues journées près de toi, à tes côtés ; — une vie toute d'abandon et d'amour... Pourvu que ce ne soit pas un rêve ! (Elle s'endort.)

SCÈNE V

VARNEY, ALASCO.

Au moment où Amy s'endort, on voit s'entr'ouvrir la porte masquée. Varney passe la tête et s'assure, du regard, que la comtesse est endormie ; puis il entre, conduisant par la main Alasco, qui paraît le suivre avec impatience.

VARNEY.

Elle s'est endormie. (A Alasco.) Allons ! viens ! viens donc !

ALASCO, posant sur une escabelle une lampe de cuivre allumée.

Qu'avez-vous à me traîner ainsi après vous? Mon temps n'est pas si vain que je puisse le perdre à écouter aux portes en votre compagnie. J'étais en train de travailler au grand œuvre. J'ai trois cornues sur le fourneau, et pleines d'une si redoutable substance que la moindre goutte qui en tomberait dans le feu jetterait bas cette tour.

VARNEY.

Alasco, tu viens d'entendre ?

ALASCO.

Je n'ai pas écouté.

VARNEY.

Le comte de Leicester veut fuir, fuir avec sa femme ! et, dans peu d'heures, si cette fuite s'accomplit, le favori sera un exilé, et l'écuyer du favori retombera, du point où il était monté, cent fois plus bas que le point d'où il était parti !

ALASCO.

Que m'importe ?

VARNEY.

Que t'importe ?... Les biens du proscrit seront confisqués, et le domaine de Cumnor sera mis sous le séquestre avec le reste. Adieu ton laboratoire, ton officine, ta pharmacie de philtres, la cuisine de poisons ! Tu vois qu'il t'importe !

ALASCO.

Eh bien ! à quoi tiennent tous ces malheurs ? A l'évasion de cet oiseau. Va prévenir Élisabeth, et la cage ne s'ouvrira pas.

ACTE V, SCÈNE V.

VARNEY.

Mieux que cela ! elle s'ouvrira pour recevoir le comte. Élisabeth l'enverra consommer sur l'échafaud sa noce avec Amy. Et qu'y aurai-je gagné?

ALASCO.

La reine te saura gré de l'avoir détrompée.

VARNEY.

Elle m'en saura gré? Je lui ferai horreur ! Si je ne suis pas puni pour mes bons offices, le mieux que je puisse attendre, ce sera d'être oublié.

ALASCO.

Alors, ne lui dis pas que c'est le comte qui a tramé l'évasion de sa femme.

VARNEY.

Alors, il reste puissant et favori, et, tôt ou tard, sous un prétexte ou sous un autre, je suis atteint par sa vengeance.

ALASCO.

Eh bien, si tous les partis sont mauvais...

VARNEY.

Non pas tous !... (Il se rapproche d'Alasco et baisse la voix.) Alasco, si la destinée frappait cette femme, cette Amy, qui fait faire au comte tant de folies; si elle disparaissait du monde; si elle mourait... naturellement, — que penses-tu que deviendrait Leicester?

ALASCO.

Il l'oublierait. Il resterait l'heureux ministre, le tout-puissant favori, le grand comte qui donne des fêtes et des spectacles aux reines.

VARNEY.

Et nous, Alasco, nous continuerions paisiblement notre route à sa suite, avançant à mesure qu'il avancerait, et nous trouvant comtes ou barons le jour où il s'éveillerait roi.

ALASCO.

Comme tu dis, le baron Varney, le prince Démétrius Alasco !...

VARNEY.

Ainsi le seul obstacle entre la fortune et nous, c'est l'existence de cette femme.

ALASCO.

Et que prétends-tu faire de l'obstacle ?

VARNEY.

Le supprimer.

ALASCO, avec un geste d'effroi.

Oh !... — Je croyais que tu aimais cette femme ?

VARNEY.

Elle m'a appelé valet ! Je la hais. (Tirant à demi son poignard.) Quand on songe qu'un pouce de ce fer dans ce cœur dédaigneux, rien ne s'opposerait plus au

ACTE V, SCÈNE V.

cours de tant de brillantes destinées!... (Il fait un pas vers Amy.)

ALASCO, l'arrêtant.

Varney! Varney! un coup de poignard!... On saura que c'est toi.

VARNEY.

Tu as raison. Eh bien, n'as-tu pas... n'as-tu pas quelque élixir, quelque poison dont on meure dès qu'on le respire?

ALASCO.

Un empoisonnement! on dira que c'est moi.

VARNEY.

Que faire alors?

ALASCO.

Ce qu'il te plaira. Je ne veux pas me mêler de cette affaire. — Une femme!... une femme qui dort!...

VARNEY.

Tu es un lâche.

ALASCO.

D'ailleurs, je te l'ai déjà dit, mes fourneaux m'attendent.

VARNEY.

Tu es un fou. — (Il semble méditer quelques instants.) Que faire? que faire? — Une mort naturelle?... Rien qui laisse trace de mon passage?... — (Se frappant le *front.*) Eh mais, j'y pense !... Cette tour n'est-elle pas la tour des oubliettes ? — Alasco, le plancher du corridor étroit qui sert d'issue à ce cachot est coupé, devant le seuil même de la porte, par une trappe.

ALASCO.

Eh bien ?

VARNEY.

Il suffit de toucher un ressort, et les supports qui soutiennent cette trappe en dessous s'écartent. Elle reste alors adhérente au plancher qui l'entoure, et n'offre à l'œil rien qui l'en puisse distinguer ; mais il suffit de la plus légère pression pour la précipiter dans l'abîme qu'elle recouvre.

ALASCO.

Eh bien ?

VARNEY.

Cet abîme est effrayant. Il plonge de toute la hauteur de cette tourelle dans les plus profondes caves du château.

ALASCO.

Eh bien ?

VARNEY.

Le comte a précisément laissé cette porte ouverte. Attends-moi un instant.

ALASCO.

Où vas-tu ?

ACTE V, SCÈNE V.

VARNEY.

Je vais presser le ressort qui retient les supports de cette trappe. (Il sort par la porte qui est restée ouverte et qui se referme à demi de manière à cacher le corridor.)

ALASCO, seul.

Que combine-t-il là d'infernal? — Et mes élixirs qui se consomment là-haut!... — Eh bien, Varney?

VARNEY, rentrant.

C'est fait. — Maintenant, malheur à qui mettra le pied sur cette trappe! eût-il la légèreté d'un sylphe, il descendrait avec elle dans les souterrains.

ALASCO.

Varney! tu ne vas pas prendre la prisonnière et la jeter dans ce gouffre?

VARNEY, avec un rire amer.

Fi! quelle brutalité! Je ne toucherai pas à la prisonnière.

ALASCO.

En ce cas, je n'y comprends rien.

VARNEY, baissant la voix.

N'as-tu donc pas entendu que le comte a promis à sa femme de lui annoncer son retour par le son du cor?

ALASCO.

Bon. Après?

VARNEY.

Après? Lorsque la captive entendra résonner le cor, crois-tu que, voyant cette porte ouverte, elle ait la patience d'attendre que son mari soit monté jusqu'ici? crois-tu qu'elle se refuse à la joie de l'embrasser quelques instants plus tôt? crois-tu qu'elle hésite à courir au-devant de lui? Eh bien, si elle franchit étourdiment cette porte, si les supports vermoulus de la trappe des oubliettes se brisent sous elle, si elle tombe... Qu'y puis-je faire? Y aura-t-il de ma faute? Ce sera un malheur.

ALASCO.

Trouver dans son amour le moyen de sa mort! Varney, tu ferais bouillir l'agneau dans le lait de sa mère!

VARNEY.

A présent, retirons-nous. Le comte ne peut tarder. Retourne, si tu veux, à ta chimie de damné. Moi, je reste en observation derrière la porte masquée. (Ils sortent tous deux par la porte secrète.)

SCÈNE VI

AMY, seule.

Un profond silence règne dans le cachot, qui n'est que faiblement éclairé par la lampe de cuivre, oubliée par Alasco sur l'escabelle. —Après quelques instants de ce silence et de ce sommeil, le son du cor se fait entendre du dehors. Amy se réveille en sursaut.

Quel bruit m'a réveillée? n'est-ce pas le cor? (Elle écoute.) Rien, que le vent qui siffle dans les brèches du donjon. C'est peut-être ce qui m'a réveillée. Tant mieux d'ailleurs! je faisais un rêve affreux... (On entend de nouveau le son du cor.) Mais oui, je ne me trompais pas, c'est bien le cor, voilà le signal... (Elle court à la croisée.) Des torches, des chevaux, des hommes armés. Oui, voilà mon Dudley! Il descend de cheval, il aide mon père à descendre... Qu'il est beau, mon Dudley! Ah! cette porte est restée ouverte, courons à sa rencontre, épargnons-lui de rentrer dans cette prison... (Elle s'enveloppe de son voile et s'agenouille.) O mon Dieu, c'est à toi que je me recommande maintenant! (On entend une troisième fois le cor.) Dudley, je suis à toi!

Elle prend la lampe sur l'escabelle, pousse la porte et disparaît. Au moment où la porte retombe, on entend un grand cri et un grand bruit, pareil à la chute d'un madrier pesant. A ce bruit, la petite porte s'entr'ouvre et Varney paraît, pâle et frémissant.

SCÈNE VII

VARNEY, seul.
(Il entre à pas lents et d'un air égaré.)

Est-ce fait?... Oui, j'ai entendu le bruit... Personne ici... C'est fait. Eh bien, c'est fini! est-ce que tu as peur, Varney? (Avec un ricanement affreux.) La brebis est tombée dans la fosse au loup, est-ce un sujet de trembler? — Si j'allais voir?... (Il s'avance vers la porte, puis recule et revient.) Voir, à quoi bon? J'ai entendu, cela suffit. Réjouis-toi, Richard Varney! De cette heure date ta fortune!

On entend tout à coup un grand bruit derrière la porte masquée. Elle s'ouvre avec violence, une lueur rouge et tremblante s'en échappe, et Alasco, blême, se précipite avec un cri d'horreur sur le théâtre.

SCÈNE VIII

VARNEY, ALASCO.

ALASCO.

Ah! malheur! malheur!

VARNEY.

Alasco! qu'as-tu donc?

ALASCO.

Malédiction sur nous!

VARNEY.

Quoi?

ALASCO.

Varney! mon alambic a fait explosion, la tour est à demi écroulée, le feu est au château!

VARNEY.

Que dis-tu, misérable?... Le feu au château!

ALASCO.

Regarde. (La lueur devient de plus en plus ardente. On entend au dehors comme un sifflement de flamme.)

VARNEY.

Grand Dieu!

ALASCO.

Nous n'avons pas de temps à perdre. L'incendie marche. Fuyons!

ACTE V, SCÈNE VIII.

VARNEY.

Fuyons. (Ils courent à la porte de fer, Alasco la pousse et recule épouvanté devant le gouffre ouvert sur le seuil.)

ALASCO.

Démon! quel est cet abîme?

VARNEY.

C'est la trappe des oubliettes.

ALASCO.

Un gouffre qu'on ne peut franchir! Toute fuite, tout salut est impossible. Là, l'incendie, ici l'abîme. Mourir, il faut mourir!

VARNEY.

C'est ta faute, empoisonneur!

ALASCO.

C'est la tienne, assassin!

VARNEY, lui montrant l'embrasement.

Qui a mis le feu là?

ALASCO, lui montrant la trappe ouverte.

Qui a ouvert ce précipice?

L'incendie fait des progrès, les flammes arrivent par la porte masquée, le toit se crevasse, le mur se lézarde, une pluie de feu commence à tomber du faîte de la tour.

En ce moment, Flibbertigibbet passe par la crevasse du toit et paraît debout sur la charpente transversale.

SCÈNE IX

VARNEY, ALASCO, FLIBBERTIGIBBET.

FLIBBERTIGIBBET.

Varney! Alasco!

VARNEY, levant la tête.

Qui nous appelle? Est-ce l'enfer?

FLIBBERTIGIBBET.

Il se contente de vous attendre. Ne vous reprochez rien l'un à l'autre! C'est moi qui ai causé l'explosion de l'alambic. C'est moi qui vous châtie.

VARNEY.

Ah! lutin maudit!

FLIBBERTIGIBBET.

Démons de cet ange, suivez-la dans ce gouffre! Vous ne la suivrez pas plus loin!

Il disparaît par une crevasse du toit, qui s'écroule et ensevelit Varney et Alasco.

LES JUMEAUX

AVERTISSEMENT DES ÉDITEURS

Le drame qu'on va lire, et qui a été écrit en 1839, entre *Ruy Blas* et *les Burgraves*, n'est malheureusement pas terminé. L'auteur n'en a écrit que deux actes complets; le troisième est inachevé. On peut même dire que ces deux premiers actes ne sont pas achevés, eux non plus. Le premier acte, qui a près de neuf cents vers, aurait été nécessairement resserré et condensé par le poète. Victor Hugo avait l'habitude de commencer par laisser toute liberté à son imagination. De là une surabondance de détails et un excès de développements, sur lesquels il revenait ensuite, simplifiant, rectifiant, modifiant. Nous n'avons ici que le premier jet, quelque chose d'analogue au « premier état » des eaux-fortes de Rembrandt, que plus d'un amateur préfère à l'état définitif : on y surprend le génie en travail et on assiste à la génération du chef-d'œuvre.

PERSONNAGES

LE ROI.
LE MASQUE.
LE COMTE JEAN DE CRÉQUI.
LE CARDINAL MAZARIN.
GUILLOT-GORJU.
TAGUS.
LE COMTE DE BUSSY.
LE DUC DE CHAULNE.
LE COMTE DE BRÉZÉ.
LE VICOMTE D'EMBRUN.
MAITRE BENOIT TRÉVOUX, lieutenant de police.
M. DE LA FERTÉ-IRLAN.
CHANDENIER.

Un Bourgeois.
Un Capitaine quartenier.
Un Geôlier.

LA REINE MÈRE.
ALIX DE PONTHIEU.
DAME CLAUDE.

Bourgeois, Manants, Soldats, Exempts.

ACTE PREMIER

Une petite place déserte près la porte Bussy. Deux ou trois rues étroites débouchent sur cette place. Au fond, au-dessus des maisons, on aperçoit les trois clochers de Saint-Germain-des-Prés.

Au lever du rideau, deux hommes sont sur le devant de la scène; l'un d'eux, Guillot-Gorju, achève de couvrir l'autre d'habits semblables aux siens, c'est-à-dire du costume fantastique et déguenillé des comédiens de Callot. L'autre a déjà revêtu les bas jaunes, les souliers à bouffantes exagérées, le justaucorps et le haut-de-chausses de vieille soie noire. Les costumes des deux hommes et leurs accessoires sont exactement pareils, de façon que l'un pourrait être aisément pris pour l'autre. A terre sont les habits que vient de quitter celui qui se déguise, habits de couleur sombre, mais d'aspect riche.

A quelques pas d'eux, un autre homme, également vêtu en baladin, achève de construire, avec des perches fichées dans les fentes du pavé, quelques nattes de paille, des haillons de damas et d'autres vieux drapeaux, une baraque de saltimbanque, avec un tréteau à l'extérieur, et, à l'intérieur, une table, des gobelets, un jeu de cartes, une grosse caisse, deux chaises dépaillées, et une valise pleine de drogues et de fioles.

A côté est une petite charrette à bras.

Pendant les trois premières scènes, quelques bourgeois traversent çà et là le fond du théâtre.

SCÈNE PREMIÈRE

GUILLOT-GORJU, L'HOMME,
TAGUS, occupé à la baraque.

GUILLOT-GORJU.

Marché fait. — Vous voilà transformé maintenant.
Il examine avec satisfaction l'homme qu'il est train de déguiser.
Et vous me ressemblez ainsi !... c'est étonnant.

L'HOMME.

Tu trouves?... — Quand viendra la dame?

GUILLOT-GORJU.

Vers la brune.

L'HOMME.

Jeune?

GUILLOT-GORJU.

Oh oui! Vous croirez être en bonne fortune.
Mystérieusement.
Quand tout sera désert, vers huit heures du soir,
Il montre le fond de la place.
Vous entendrez frapper trois coups dans ce coin noir.

ACTE PREMIER, SCÈNE I.

Il frappe trois coups dans sa main.

— Ainsi. — Dites alors tout haut : — Dieu seul est maît
Compiègne et Pierrefonds. — Vous la verrez paraître.

L'HOMME.

Garde-moi le secret surtout !

GUILLOT-GORJU, *protestant par un geste.*

Ah ! compagnon,
Comptez sur moi !

L'HOMME.

Comment ! tu ne sais pas son nom ?

GUILLOT-GORJU, *continuant son office de valet de chambre.*

Je ne le connais pas.

Il montre une masure à droite.

Devant cette chaumière,
Je l'ai vue une fois, la nuit et sans lumière.

L'HOMME.

Le projet est hardi !

GUILLOT-GORJU.

La dame est de haut lieu.

L'HOMME.

Quel intérêt la pousse ?

GUILLOT-GORJU.

A cet âge ? Eh ! mon Dieu,
On cherche à dépenser, partout où Dieu nous mène,
La générosité dont on a l'âme pleine,

On veut se dévouer de toutes les façons,
Et l'on prend un prétexte à défaut de raisons.
Le premier vent qui passe emporte notre voile.
N'allez pas l'effrayer et lui lever son voile.

L'HOMME.

Et sait-elle le nom du prisonnier?

GUILLOT-GORJU.

Oh non!
Personne ne connaît ce redoutable nom.
Hors la reine et monsieur le Cardinal.

L'HOMME.

Compère,
Comment s'adresse-t-elle à toi pour cette affaire?

GUILLOT-GORJU.

Pour les évasions nous sommes renommés.
Pour nous, grands murs à pic, barreaux, verrous fermés,
C'est un jeu. J'ai tiré Schomberg de la Bastille,
De Vincennes monsieur l'amiral de Castille,
Gif du Temple, et Lescur du vieux château d'Amiens.
Nous autres, tout nous sert! Voleurs, bohémiens,
Nous avons des amis jusque chez les jésuites.

L'HOMME.

Je pourrai t'employer si la chose a des suites.
Ainsi, sans nul soupçon, pensant parler à toi,
La dame me dira tous ses plans?

GUILLOT-GORJU.

Je le croi.

ACTE PREMIER, SCÈNE I.

L'HOMME, lui remettant une bourse qu'il prend dans ses vêtements
restés à terre.

Voici les cent louis.

GUILLOT-GORJU.

Merci, mon capitaine.

L'HOMME.

Ah ! la lettre volée au courrier de la reine.

Guillot-Gorju lui remet une lettre que l'homme examine,
puis serre précieusement.

Comment donc as-tu fait?

GUILLOT-GORJU.

C'est fort simple et tout clair.
Hier, Tagus et moi, nous allions prendre l'air
Sur la route d'Espagne et marchions tête à tête.
Un gentilhomme passe au galop et s'arrête
A la Croix-de-Berny. Tagus n'est pas manchot
Et me dit : Il va boire un coup; il a grand chaud.
L'homme en effet s'attable à côté de l'église.
Alors Tagus a fait un trou dans sa valise,
D'où la lettre est sortie avec quelques ducats.
Si l'on nous avait vus, c'était un mauvais cas;
Mais l'homme est reparti sans soupçonner la chose.

L'HOMME, à part.

Sur quels hasards le sort des empires repose !

Haut.

Crois-tu que les bourgeois, sur la place arrêtés,
Me prendront aisément pour toi?

GUILLOT-GORJU, lui présentant un pardessus de vieux velours noir
et une grande cape de moire jaune.

Pardieu ! Mettez
Mon balandran d'Alger et ma cape de moire.
Vous avez comme moi barbe et perruque noire.
Même taille, même air. Une voix d'opéra.
Parlez haut, criez fort, et l'on s'y trompera.

L'HOMME, endossant le surtout et la cape.

Mais ton valet Tagus ?

GUILLOT-GORJU.

Tout voir, et ne rien dire,
C'est son instinct. Tagus se laissera conduire
Aveuglément par vous. Croix Dieu ! vous savez bien,
Vous courtisans, qu'on dresse un homme comme chien

L'HOMME.

Retz ne dirait pas mieux. — O Dieu qui nous gouverne
Dieu puissant ! à quoi bon vivre dans les cavernes,
Si l'homme se déprave, en tout point, en tout sens,
Autant chez les voleurs que les courtisans ?

A Guillot-Gorju.

Ne va pas me trahir surtout, et reparaître !

GUILLOT-GORJU, avec une emphase théâtrale.

Mon pourpoint n'a jamais caché la peau d'un traître.

L'HOMME, souriant.

Mais c'est que ton pourpoint cache fort peu la peau.

GUILLOT-GORJU.

Ne craignez rien !

Il ramasse à terre sous des haillons un vieux feutre crevé et défoncé, orné d'une vieille plume jaune, et, le lui présentant avec majesté :

Seigneur, voici votre chapeau.

Appelant Tagus, qui a disposé la baraque pendant toute la scène.

Tagus ! voilà ton maître.

Tagus s'incline.

Obéis. Sois docile.
C'est un autre moi-même.

Il congédie Tagus du geste.

A l'homme :

— Et vous, soyez tranquille.
Je ne vous cèle pas d'ailleurs que je m'en vais.
Pour les gens de notre art Paris devient mauvais.

L'HOMME.

Peste ! en si beau chemin, toi, Gorju, tu recules !

GUILLOT-GORJU.

Messieurs du Châtelet se font très ridicules.
— A propos, êtes-vous un peu chiromancien ?

L'HOMME.

Un peu. C'est un bel art.

GUILLOT-GORJU.

Très noble et très ancien.
L'art de voir dans les mains ce que cachent les âmes.
C'est qu'il advient souvent que de fort grandes dames
Viennent me consulter sur l'avenir.

L'HOMME, *étonné.*

Souvent ?

14.

GUILLOT-GORJU.

Fort souvent.

L'HOMME.

Dans la rue?

GUILLOT-GORJU.

Ici même.

L'HOMME.

En plein vent?

GUILLOT-GORJU.

Elles baissent leur voile. On tire la tenture.

Il montre une affreuse guenille qui pend aux perches.

Et puis, on improvise.

L'HOMME.

Allons ! je m'aventure.

GUILLOT-GORJU, *lui montrant la valise pleine de fioles.*

Voici les élixirs.

Il ouvre le tiroir de la table.

Et pour écrire un mot
De l'encre et du papier.

Il ramasse les vêtements laissés par l'homme et en fait un paquet qu'il met sous son bras, après en avoir tiré un grand manteau brun dont il s'enveloppe. Il se couvre également du feutre neuf et empanaché de l'homme.

L'heure approche où bientôt
Les bourgeois vont passer. Je m'en vas. — Ah ! j'y pense,
Je dois vous avertir. Sous mon nom on a chance
D'être pendu, mon bon seigneur.

ACTE PREMIER, SCÈNE II.

L'HOMME.

En vérité?
Et sous le mien, mon cher, d'être décapité.

GUILLOT-GORJU.

En ce cas, Dieu vous garde!

L'HOMME.

Il a de la besogne,
Comme tu vois. Bonsoir.

Guillot-Gorju sort. Resté seul, l'homme s'assied sur une borne de pierre couchée à terre sur le pavé, tire de sa poche la lettre que Guillot-Gorju lui a donnée et paraît la lire avec une profonde attention, qui se change bientôt en une profonde rêverie. Tagus met en ordre les fioles et recoud les vieilles tapisseries de la baraque.

SCÈNE II

L'HOMME, *seul, les yeux fixés sur la lettre.*

— Une flotte en Gascogne...
Une armée en Piémont... — Des agents à Madrid...

Relevant la tête.

De son côté la reine a des plans dans l'esprit.

Rêvant.

Mais cette jeune fille! astre hors de sa sphère,
Comment se mêle-t-elle en cette sombre affaire?
Ce Mazarin n'est bon qu'à tout corrompre. Rien
Dans cet homme! — Oh! les rois! comme ils choisissent bien
Leurs ministres! — S'il est, quelque part, dans un bouge,
Un noir faquin rêvant une soutane rouge,

Fourbe léchant d'abord ceux qu'il mordra plus tard,
Un faux prêtre, un faux noble, à l'âme de bâtard,
Qui fasse, peuple et roi, tout passer par son crible,
Et dont l'esprit ne soit qu'un dissolvant terrible,
C'est lui qu'ils vont chercher, Bourbons comme Valois !
Pour bien nourrir le peuple avec de bonnes lois,
Pour faire vivre tout, le trône et le royaume,
Ils lui livrent l'état, du Louvre jusqu'au chaume,
Du haut jusques en bas, de la cave au grenier,
Et d'un empoisonneur ils font un cuisinier !

Rêvant, les yeux sur la lettre.

Certe, — en cas de succès, — sans guerre et sans campagne
On pourrait obtenir la Comté de l'Espagne.

Il retombe dans sa rêverie et se remet à lire la lettre. — Surviennent le duc de Chaulne et le comte de Bussy, qui entrent du fond du théâtre, se parlant bas, avec une sorte de mystère, sans voir l'homme et sans en être vus.

SCÈNE III

LE DUC DE CHAULNE, LE COMTE DE BUSSY,
tous les deux en habit de ville. — Dans un coin, L'HOMME.
TAGUS toujours dans la baraque.

LE COMTE DE BUSSY.

Oh ! l'histoire est vraiment singulière. Ma foi,
C'était deux ans avant la naissance du roi.

LE DUC DE CHAULNE.

En trente-six ?

LE COMTE DE BUSSY.

Tout juste. Il est près de Compiègne,
Un vieux château bâti pour tromper quelque duègne
Ou quelque affreux jaloux au profit d'un amant,
Tant le bon architecte y mit artistement,
Pour faire circuler les intrigues discrètes,
De corridors cachés et de portes secrètes!

LE DUC DE CHAULNE.

Mon cher, je le connais! c'est le Plessis-les-Rois.
Un manoir ruiné, fort caché dans les bois,
Qui, dit-on, communique au château de Compiègne
Par un long souterrain creusé sous l'autre règne,
Puis comblé, puis refait enfin par Mazarin.
La reine et lui, seuls, ont les clefs du souterrain.
C'est là que se fit, grâce aux dispenses de Rome,
Le mariage obscur qui la lie à cet homme.
Comme c'est fort désert, ils y peuvent parler.
Aussi dit-on qu'ils vont parfois s'y quereller.

LE COMTE DE BUSSY.

Juste. En ce temps-là donc se trouvait à Compiègne
Un seigneur dont je crains que le nom ne s'éteigne,
Jean de Créqui..

LE DUC DE CHAULNE.

Pardieu! c'était un beau garçon!

LE COMTE DE BUSSY.

D'autre part le Plessis avait pour garnison
Une douce beauté qui vivait fort recluse.
Jean savait les abords du manoir, et par ruse,

L'amour aidant, un soir, comme il n'était pas sot,
Il entra chez la belle et l'emporta d'assaut.
Or, plus tard il apprit, comment, je ne sais guère,
Que cette belle était la femme de son frère.
Je te donne les faits, arrange tout cela.
Le pire ou le meilleur, c'est qu'à neuf mois de là
Une fille naquit, fille justifiée
Et légale, la dame étant fort mariée.
Oui, mais le comte Jean... — C'est délicat, tu vois.

LE DUC DE CHAULNE.

La fille a nom ?

LE COMTE DE BUSSY.

Alix de Ponthieu. Je la crois
Orpheline à présent.

LE DUC DE CHAULNE.

Où vit-elle ?

LE COMTE DE BUSSY.

Elle habite
Au diable, on ne sait où, comme une cénobite.
C'est rare, à dix-sept ans.

LE DUC DE CHAULNE.

Belle ?

LE COMTE DE BUSSY.

Comme le jour.
Jean de Créqui depuis eut pour unique amour
Cette enfant. Quant à lui, c'est de l'histoire ancienne.
Voilà dix ans qu'il a disparu de la scène,
Banni pour un complot...

ACTE PREMIER, SCÈNE IV.

LE DUC DE CHAULNE.

Ah! oui, je me souviens,
Mazarin l'a proscrit. Les Luyne ont eu ses biens.

LE COMTE DE BUSSY.

Et, s'il rentrait demain, la Grève aurait sa tête.

Les deux gentilshommes continuent leur chemin tout en causant et sortent de la place. Depuis quelques instants, Tagus s'est approché de l'homme sans parvenir à attirer son attention; enfin il se décide à l'aborder.

SCÈNE IV

L'HOMME, TAGUS, puis DES BOURGEOIS,
hommes et femmes.

TAGUS.

Maître?

L'HOMME.

Eh bien?

TAGUS.

Faut-il pas apprêter tout?

L'HOMME.

Apprête.

TAGUS.

Les bourgeois vont sortir du marché Saint-Germain,
Tu sais. — Donne-moi donc, de grâce, un coup de main

L'homme l'aide à jucher la grosse caisse sur le tréteau.

L'HOMME.

Bats la caisse.

Tagus se met à battre la caisse. Quelques rares personnes se montrent au fond de la place. Après avoir battu quelques coups à tour de bras, Tagus essoufflé s'interrompt.

L'HOMME, rêvant, accoudé sur le tréteau.

Une femme en ceci ! Quel mystère !

Il se tourne vers Tagus.

Dis, serais-tu pas homme un de ces jours à faire
Une bonne action ?

TAGUS.

Maître, nous serions fous,
Une bonne action, chez des gens comme nous,
De reflets fort douteux malgré nous s'illumine,
Et par un nœud coulant bien souvent se termine.
Alors je n'y vois pas grand profit. Mais pourtant
Fais ! — Que j'aie à manger, je suis toujours content.

L'HOMME.

Qui crois-tu que je suis ?

TAGUS.

Un voleur. Peu m'importe
D'ailleurs !

L'HOMME.

Tagus ! sais-tu qu'à vivre de la sorte
Nous serons quelque jour accrochés par nos cous ?
Nous sommes des bandits, frère !

ACTE PREMIER, SCÈNE IV.

TAGUS, *ressaisissant le tampon de la grosse caisse.*

Étourdissons-nous!

Il se remet à battre violemment la caisse. Un auditoire se forme autour de la baraque, femmes, enfants, quelques vieux bourgeois, force gueux.

TAGUS, *monté sur le tréteau et criant de tous ses poumons.*

Holà! gens qui voulez un sort doux et tranquille
Dans cette vicomté de Paris la grand'ville,
Manants, bourgeois, venez! venez, page et seigneur!
Qui veut de la santé? qui cherche du bonheur?
Nous en vendons! Chacun sait que l'orgueil, les vices,
L'amour, les avocats, la fièvre, les nourrices,
Les propos indécents, les folles visions,
Empêchent les effets des constellations.
Venez à nous! Par nous tout homme au bonheur vogue
Rien n'est rare, manants, comme un bon astrologue.
Manilas est obscur, Firmique est hasardeux,
L'Arabie extravague en un style hideux,
Junctin veut dire tout, Spina voudrait tout taire,
Cardan s'est fourvoyé sur le roi d'Angleterre;
Argolus est trop grec; Pontan est trop romain,
Léonice et Pezel suivent le grand chemin.

Avec un grand soubresaut d'emphase.

Or, pour savoir à fond les secrets de nature,
Pour tirer l'horoscope et la bonne aventure,
Pour montrer l'avenir à tous, comme Apollo,
Par l'air, par les corps morts, par la terre et par l'eau,
Pour extraire des cieux la rosée et la manne,
Combiner Oromaze, annuler Arimane,
Rendre éprise d'un gueux la femme d'un baron,
Et réciter les vers du célèbre Scarron,

Pour prédire à chacun parfaite réussite,
Pour l'hyleg, pour l'antiste et pour la triplicité,
Pour transmuter le cuivre en or, là, sous vos yeux !
Pour vendre à bon marché des philtres merveilleux,
Plombagine, storax, sublimé, mithridate,
Pour deviner un jour, une époque, une date,
Personne, non, messieurs, personne, n'égala
Le grand Guillot-Gorju, mon maître, que voilà !
Jean Tritème n'est bon qu'à baiser sa pantoufle.
Ptolémée est un fat et Calchas un maroufle !

<small>Vive sensation dans l'auditoire. Tagus essoufflé descend du tréteau et vient parler bas à l'homme.</small>

A toi, maître ! — A présent je vais avec mes doigts
Voir ce que ces badauds ont dans leurs poches.

L'HOMME.

Vois.

<small>Il monte à son tour sur le tréteau. Pendant qu'il harangue, Tagus circule parmi les assistants et fouille allègrement dans leurs grègues, profitant de l'attention qu'ils fixent sur la baraque.</small>

<small>L'HOMME, avec l'emphase et l'accent des charlatans.</small>

Manants, j'ai parcouru les terres et les ondes.
Atlas et portulans, routiers et mappemondes
N'ont pas un seul pays que je n'aie arpenté,
Cherché, trouvé, fouillé, visité, constaté !

<small>Tagus, ayant fini sa première tournée, monte sur le tréteau et, en s'abritant de sa cape, fait voir à l'homme sa main pleine de basse monnaie.</small>

TAGUS, bas.

Maître, ils n'ont que des sous et des liards !

Se tournant vers le peuple avec indignation.

— Canaille !

Il redescend et recommence ses fouilles.

L'HOMME, *continuant.*

J'ai vu l'Inde et la Chine et la grande muraille.
J'ai vu le roi d'Alger rire et jouer aux dés,
Assis dans son fauteuil. Deux beaux oiseaux brodés
Dont le plumage épand ses couleurs dans la frange
Sont au dos du fauteuil.

TAGUS, *vidant deux poches de ses deux mains.*

L'un boit et l'autre mange.

A part.

— Toujours des sous !

L'HOMME, *prenant une fiole et la montrant aux spectateurs.*

Voyez ! les élixirs d'amour ! —

A une chiffonnière.

Vous trouviez-vous à Vienne au gala de la cour,
Madame ?

TAGUS.

Nous faisions les délices de Vienne !
Nous étions là !

L'HOMME.

L'infante, autant qu'il m'en souvienne,
Était, sur ma parole, adorable en Hébé.
Elle avait une jupe en gros de Tours flambé,
Allait, venait, riait, et versait à la ronde,
Et grisait, avec l'air le plus galant du monde,

D'un vin qui n'était pas pris dans les aqueducs,
Un olympe de rois, de ducs et d'archiducs !

Il étale ses fioles aux yeux de la foule.

— Des fioles pour les dents, la fièvre et la syncope !

TAGUS, en fausset.

Qui demande un flacon ? Qui veut son horoscope ?

L'HOMME.

Je viens du Portugal ! J'arrive. Ils ont un roi
Tout jeune, — il a seize ans, — et joyeux, sur ma foi !
Quand l'alcade Obregon, maintenant en disgrâce,
Lui demanda : Comment délivrer votre Grâce
Du comte de Valverde ? il dit : En l'assommant ! —
Avec la gaîté propre à cet âge charmant.

Mélancoliquement.

O jeunesse ! printemps ! ciel d'azur !

A la foule.

— Qui demande
Les huiles de beauté ?

Se penchant sur les acheteurs.

Lys ? jasmin ? rose ? amande ?

TAGUS, avec emphase.

Parlez !!!

Pendant que les spectateurs s'empressent autour du tréteau, achetant, choisissant, payant, Tagus prend à part un bourgeois et l'attire sur le devant du théâtre par un des gros boutons que le bourgeois porte à son habit.

TAGUS, confidentiellement, au bourgeois.

Manant ! — mon maître est un magicien
Si grand, que...

ACTE PREMIER, SCÈNE IV.

Il dresse le doigt en l'air, comme pour lui désigner un objet éloigné dans les nuages.

Voyez-vous cet oiseau ?

LE BOURGEOIS, levant la tête.

Non.—

TAGUS.

Eh bien,
Mon maître, s'il lui plaît, va lui diriger l'aile
Selon la sphère droite, oblique ou parallèle.

Il prend la bourse du bourgeois dans une des poches de son gilet.

LE BOURGEOIS.

Je ne vois pas l'oiseau.

TAGUS.

Regardez. Là ! dans l'air !

Il lui prend sa montre dans l'autre poche.

LE BOURGEOIS, après avoir regardé.

Non.

TAGUS.

C'est que vous avez de mauvais yeux, mon cher.

Brouhaha dans l'auditoire. Des gens de police paraissent, archers, gendarmes, exempts, piétons du guet et de la prévôté, conduits par un capitaine quartenier. La foule s'écarte. — Tagus paraît inquiet.

LE QUARTENIER, à haute voix.

Lequel des deux marauds qui chantent là leur rôle
Est Guillot-Gorju ?

L'HOMME.

Moi.

15.

LE QUARTENIER.

Toi ? Nous t'arrêtons, drôle !

L'HOMME, impassible.

Ah ! — Vous pourriez, messieurs, parler plus poliment.

LE QUARTENIER, à Tagus.

Marche, toi !

Trois archers entourent et entraînent Tagus qui se débat.

L'HOMME.

Mon valet aussi ! Pourquoi ? Comment ?

LE QUARTENIER.

Monsieur Trévoux, prévôt de police, désire
T'interroger lui-même et pourra te le dire.
Il nous suit. Le voilà.

Paraît maître Benoît Trévoux, lieutenant de police, vêtu de noir, entouré et assisté de sergents.

L'HOMME, toujours sur le tréteau, aux assistants.

Manants, retirez-vous.
Monsieur le lieutenant de police Trévoux
Vient pour me consulter et m'offrir sa pratique.
Nous avons à causer de haute politique.

Il descend du tréteau et salue le lieutenant de police, puis se retournant vers les archers.

Soldats ! faites entrer monsieur le lieutenant
De police, et fermez les portes maintenant.

Il tire les vieilles guenilles qui servent de rideau. Benoît Trévoux entre dans la baraque. Les soldats dispersent la foule.

SCÈNE V

L'HOMME, MAITRE BENOIT TRÉVOUX.

Deux ou trois exempts, dans la baraque ; dehors des soldats de police, postés aux abords de la place.

L'HOMME, *regardant le lieutenant de police de haut en bas.*

Êtes-vous fou, monsieur ?

MAITRE TRÉVOUX, *stupéfait.*

L'apostrophe est civile !

L'HOMME.

Monsieur le lieutenant de police et de ville,
Montrant les archers.
Veuillez faire éloigner ces sbires, ces valets.

MAITRE TRÉVOUX.

Ils sont bien là.

L'HOMME, *avec courtoisie.*

Pardon. Ils sont gênants et laids.
Je sais bien qu'il faut prendre en bloc une aventure,
Mais que gagnerez-vous, monsieur, à ma capture ?

MAITRE TRÉVOUX.

Le roi m'en saura gré.

L'HOMME.

Pas à vous, cher seigneur.
Monsieur le Cardinal en prendra tout l'honneur.

MAITRE TRÉVOUX, souriant.

Il dit vrai, le drôle !

L'HOMME.

Or, Mazarin vous déteste.
C'est lui que vous servez, non vous.

MAITRE TRÉVOUX.

Possible. Au reste,
Je remplis mon devoir. Cela suffit. Je dois
Maintenir l'ordre, aider les honnêtes bourgeois,
Veiller sur chaque bourse et garder chaque porte,
Purger les carrefours des bandits de la sorte,
Extirper les larrons, les gueux et les brigands !

L'HOMME.

Que voilà des propos qui sont extravagants !

MAITRE TRÉVOUX.

Allons ! drôle, en prison !

L'HOMME.

Vous êtes un vandale !

MAITRE TRÉVOUX.

Au Châtelet !

L'HOMME.

Eh bien ! je ferai du scandale
Pour me venger. — Songez en me poussant à bout
Que moi, Guillot-Gorju, je sais tout, je vois tout.
Depuis quinze ans je vis, sans peur et sans reproches,
Les yeux dans vos secrets...

ACTE PREMIER, SCÈNE V.

MAITRE TRÉVOUX.

     Et les mains dans nos poches.
Va, tu seras jugé, pendard !

L'HOMME.

     Cela vous plaît ?
Bon ! en plein tribunal, devant le Châtelet,
Je crierai sur les toits, parmi cent épigrammes,
Tout ce que jour et nuit font mesdames vos femmes.

MAITRE TRÉVOUX.

Tu seras condamné ! Tu seras convaincu !

L'HOMME.

Tenez, vous, je dirai que vous êtes...

MAITRE TRÉVOUX.

     Gorju !

L'HOMME.

Preuve en main !

Baissant la voix.

     On pourrait vous faire de la peine
Pour trois rubis volés au trésor de la reine.

MAITRE TRÉVOUX.

Les voleurs pris par nous ont tous été pendus.

L'HOMME, *à l'oreille de maître Trévoux.*

Les rubis pris par vous n'ont point été rendus.

MAITRE TRÉVOUX, *à part.*

Diable !

Haut.

Mais prouve un peu...

L'HOMME.

Quoi?

MAITRE TRÉVOUX.

Ce que tu supposes.

L'HOMME, avec un sourire majestueux.

Je n'insiste jamais sur ces sortes de choses ;
C'est de fort mauvais goût. Je laisse, quant à moi,
Cette pédanterie au procureur du roi.

MAITRE TRÉVOUX, aux exempts.

Éloignez-vous un peu.

A l'homme.

Causons plus à notre aise.
Comment sais-tu cela?

L'HOMME.

Ma foi...

MAITRE TRÉVOUX, avec intérêt.

Prends une chaise.

L'HOMME, s'asseyant.

Je sais cela, monsieur, comme je sais, — tenez, —
Certain complot...

Maitre Trévoux congédie du geste les exempts qui sortent de la baraque.

MAITRE TRÉVOUX, inquiet.

Complot?... mon cher, vous m'étonnez !

####### L'HOMME, impassible.

Dont vous êtes.

####### MAITRE TRÉVOUX, dont l'alarme redouble.

Moi ! non !

####### L'HOMME.

      Il est un grand mystère,
— Un prisonnier... —

####### MAITRE TRÉVOUX, vivement.

Tais-toi !

####### L'HOMME.

       Soit, je veux bien me taire.

####### MAITRE TRÉVOUX.

Non, parle !

####### L'HOMME.

   Dans quel but avez-vous fait un jour
Près de Compiègne, — alors habité par la cour, —
Passer ce prisonnier ?

####### MAITRE TRÉVOUX.

Pur hasard !

####### L'HOMME.

       Tout démontre
Que vous rêviez dans l'ombre une étrange rencontre.
Car, bien que Mazarin soit l'objet du complot,
L'explosion peut-être irait frapper plus haut.

MAITRE TRÉVOUX.

Chut ! Comment savez-vous ?

A part.

Cet homme est redoutable.

L'HOMME.

Ce que vous dites tous au lit, au prône, à table,
Je le sais.

Il tire de sa poche la lettre que Guillot-Gorju lui a remise.

Regardez la lettre que voici.
Connaissez-vous la main ?

MAITRE TRÉVOUX, jetant les yeux sur la lettre et pâlissant.

Je ne connais pas.

L'HOMME.

Si.

MAITRE TRÉVOUX, à part.

C'est de la reine !

L'HOMME, souriant.

Allons ! pas de peur ! qui vous gêne ?
Et dites comme moi tout haut : C'est de la reine !
Examinez l'adresse.

MAITRE TRÉVOUX, lisant.

« A mon frère le roi
« D'Espagne. »

A part.

Mais cet homme est le démon, je crois.

ACTE PREMIER, SCÈNE V.

L'HOMME.

Lisez donc.

Il présente la lettre à maître Trévoux.

MAITRE TRÉVOUX, lisant.

« ... J'ai reçu du pape une sardoine
« Sur laquelle est gravée une tête de moine.
« J'en ai fait un anneau que je porte toujours. — »

L'HOMME.

Plus bas.

MAITRE TRÉVOUX, lisant.

... « Je compte fort sur votre bon secours.
« Pour assurer nos plans il suffira qu'on voie
« Une escadre en Gascogne, une armée en Savoie. — »

L'HOMME.

Plus bas.

MAITRE TRÉVOUX, lisant d'une voix de plus en plus altérée.

« ... Du prisonnier nul ne me parle ici.
« Mais Mazarin m'a dit, de colère saisi,
« Que plutôt que de voir cet enfant reparaître,
« Lui-même il le tuerait de sa main, quoique prêtre,
« Malade et vieux »... —

L'HOMME.

Plus bas.

MAITRE TRÉVOUX, lisant.

« Rien ne marche à mo
« Mais j'ai pour moi Thoiras et monsieur de Souvré.

« Trévoux, le lieutenant de police, est des nôtres... »

<small>Pâle et s'interrompant.</small>

D'où tiens-tu cette lettre ?

<small>L'HOMME, remettant la lettre dans sa poche.</small>

Ah bah ! j'en ai bien d'autres.
S'il m'arrivait malheur, je vous le dis à vous,
Quelqu'un les publierait, et gare là-dessous !
Donc ne me fâchez pas et veillez sur ma vie.

<small>Maître Trévoux, comme en proie à un grand combat intérieur, reste rêveur quelques instants, puis se tourne brusquement vers lui et lui tend la main.</small>

MAITRE TRÉVOUX.

Soyons amis !

<small>L'HOMME, prenant la main de maître Trévoux et mettant son chapeau sur sa tête.</small>

Cinna, c'est moi qui t'en convie.

<small>MAITRE TRÉVOUX, à part.</small>

Ces bandits ont des yeux qui partout vont plongeant !

<small>Haut, avec un sourire aimable.</small>

Dis-moi, mon cher, tu dois avoir besoin d'argent ?

L'HOMME.

Mon pourpoint a beaucoup de bouches qui le disent,
Car, sous l'ample manteau dont les plis me déguisent,
Le diable fait sortir avec son doigt railleur
Mon linge par des trous non prévus du tailleur.

<small>Maître Trévoux sort son portefeuille, y écrit quelques mots au crayon, puis déchire la page et la présente à l'homme.</small>

ACTE PREMIER, SCÈNE V.

MAITRE TRÉVOUX.

Voici sur ma cassette un bon de huit cents livres
Si tu me dis les noms des gens, si tu me livres
Tous les secrets d'état que tu sais; — est-ce clair?

L'HOMME, prenant le papier.

Voleur, cela se peut; espion, non, mon cher.

Il le déchire.

Maitre Trévoux entr'ouvre les tentures de la baraque et congédie les sergents qui sont restés dans le carrefour.

MAITRE TRÉVOUX, aux sergents.

Allez-vous-en !

Les sbires obéissent en silence. — La place redevient déserte. — Maitre Trévoux s'approche affectueusement de l'homme.

Causons, — là, — sans qu'on puisse entendre...

Bruit de pas dans la rue voisine.

— Ciel ! quelqu'un !

L'HOMME.

C'est fâcheux; car vous deveniez tendre.

De la petite rue à gauche, opposée à celle par laquelle les sbires ont disparu, sort une femme voilée et vêtue de noir. Elle regarde un instant derrière elle avec inquiétude comme si elle craignait d'être observée, puis elle entre précipitamment dans la baraque.

SCÈNE VI

L'HOMME, UNE FEMME VOILÉE, MAITRE TRÉVOUX.

Au moment où la femme entre, maître Trévoux s'enveloppe de son manteau et va s'asseoir sur l'escabeau de Tagus, dans le coin le plus éloigné de la baraque, le dos tourné à la lumière comme quelqu'un qui ne se soucie pas d'être reconnu.

LA FEMME VOILÉE, à l'homme, sans voir Trévoux.

Ami, rien que deux mots. Vois derrière mes pas
Si personne ne vient.

L'HOMME.

Non.

LA FEMME VOILÉE.

On ne me suit pas?

L'HOMME.

Non, madame...

LA FEMME VOILÉE.

C'est bien.

L'HOMME, à part.

Qu'est-ce que cette femme?

LA FEMME VOILÉE.

Tu dis leur horoscope aux passants?

ACTE PREMIER, SCÈNE VI.

L'HOMME.

Oui, madame.

LA FEMME VOILÉE.

Bien ! dans cette science, et c'est ce qu'il me faut,
Plus l'homme est placé bas, plus son regard va haut.
Sans savoir notre nom il nous dit notre route.
Je viens te consulter. Je suis à plaindre... Écoute... —

Apercevant maître Trévoux.

Quel est cet homme-ci ?

L'HOMME.

Cet homme est mon valet.
Ne craignez rien. Voyons. Votre main, s'il vous plaît ?

LA FEMME VOILÉE, *lui présentant sa main.*

Regarde. Qu'y vois-tu ?

L'HOMME, *à part, examinant un anneau qui brille à cette main.*

Se peut-il ? la sardoine
Sur laquelle est gravée une tête de moine ! —
C'est la reine !

LA FEMME VOILÉE, *en proie à une violente agitation.*

Travaille et cherche, esprit subtil !
Suppose un front bien fier chargé d'un joug bien vil!

L'HOMME, *ôtant son chapeau, puis allant à la tenture du fond et la refermant.*

Permettez que je ferme un peu cette fenêtre
Sur votre majesté.

16.

LA FEMME VOILÉE, *se retournant comme par une commotion électrique.*

D'où peux-tu me connaître ?

L'HOMME, *sans s'émouvoir.*

Votre main dit le nom de votre majesté.

LA FEMME VOILÉE.

Quoi ! ma main me trahit ! comment ?

L'HOMME.

Par sa beauté.
C'est une main royale. Une main blanche et rose !

A part.

Et la bague en sardoine aide fort à la chose.

LA REINE.

Eh bien, parle, poursuis !

L'HOMME.

Vous avez cent raisons
De souffrir, reine ! étant l'anneau de deux maisons
Qui sur vous, à leur loi ne pouvant se soustraire,
Toutes deux à la fois tirent en sens contraire.
L'Espagne a vos aïeux, la France a vos enfants.
Vous souffrez des vaincus comme des triomphants.
Puis le Louvre a pour vous des maux plus vifs encore ;
Car vous avez nourri celui qui vous dévore.
Mazarin, fait par vous, à présent vous détruit.
Vous tombez chaque jour, pierre à pierre, et sans bruit.
L'esprit de Mazarin est la seule fenêtre
Par où le roi regarde. Il voit tout par ce traître,

Et, plein d'un fol amour du cardinal béni,
Veut épouser sa nièce Olympe Mancini.
On vous repousse, on rit de vos plaintes chagrines,
Et tous ces pieds joyeux marchent sur vos ruines.
Vous voulez vous venger pourtant, redevenir
Reine et mère, et lutter, et frapper, et punir;
Mais pour vous tout est plein de visions funèbres,
Et vos rêves vous font pâlir dans les ténèbres.

LA REINE regarde l'homme avec un mélange de crainte, de curiosité
et de profonde surprise.

Malheureux! qui t'a dit ces choses?

L'HOMME.

Je les vois.
Sachez qu'en peu de temps et par leur propre poids
Tous les secrets des grands tombent en bas, madame.
Le peuple a l'œil ouvert dans l'ombre de votre âme.

LA REINE, levant son voile.

Eh bien, plains-moi! mes pleurs en effet sont cuisants.
Avant un mois le roi mon fils aura seize ans.
Alors ils concluront ce mariage infâme.

L'HOMME, bas à la reine.

Un autre à la même heure aura seize ans, madame!

LA REINE, pâlissant.

De qui veux-tu parler?... — Mon ami, vous rêvez.

L'HOMME, poursuivant, avec une voix de plus en plus basse
et significative.

On dit sa ressemblance — avec qui vous savez —
Effrayante. —

Il regarde fixement la reine qui se détourne avec angoisse.

LA REINE, à part.

Quel est cet homme? O Dieu, je tombe
Sur des yeux qui verraient à travers une tombe!

<small>Elle se retourne vivement vers lui et le regarde en face à son tour.</small>

Eh bien, toi qui sais tout, sais-tu, devin fatal,
Ce qu'a dit l'autre jour monsieur le Cardinal?

L'HOMME, impassible, en appuyant sur tous les mots.

Il a dit que — lui vieux, — lui malade, — lui prêtre,
— Plutôt que de le voir revivre et reparaître, —
Quoiqu'un vieillard frémisse en frappant un enfant,
— Il tuerait de sa main...

LA REINE, interrompant avec terreur.

Quelqu'un qu'on te défend
De nommer!

L'HOMME, continuant.

... Un captif!..

LA REINE, éperdue.

Tais-toi! tu m'épouvantes.
— Si je ne voyais là tes prunelles vivantes,
Je croirais que je songe et que j'entends la voix
De ces morts effrayants qui parlent quelquefois!
— Qu'es-tu donc?

L'HOMME.

Vous voyez. Un bateleur des rues.

LA REINE.

Mais, dis! des visions te sont donc apparues?
Tu sais ce que les rois disent... —

ACTE PREMIER, SCÈNE VI.

L'HOMME.

       Et ce qu'ils font.
Mon art est grand.

  LA REINE, se rapprochant de lui.

     J'ai foi dans ton regard profond.
Que ferai-je ?

   L'HOMME.

    Le temps sert celui qui diffère.
Tenez votre âme prête. Attendez. Laissez faire,
Laissez sur tous ces fronts, éveillés ou dormants,
S'ouvrir la main de Dieu pleine d'événements !
Votre part y sera. Chacun aura la sienne.

   LA REINE.

Oh ! mon Dieu, l'heure passe, il faut que je revienne !
Tire-moi d'embarras. Je voudrais au château
Par la porte du bois rentrer incognito.
Sans qu'on s'en aperçût je me suis évadée.
Par les gens de Trévoux cette porte est gardée.
Comment faire ?

   L'HOMME.

    Je puis vous aider. Entre nous,
Mon valet contrefait la passe de Trévoux.

   LA REINE.

Vraiment ?

   L'HOMME.

Connaissez-vous son écriture ?

LA REINE.

Oui.

L'homme ouvre le tiroir de la table et en tire la plume et du papier que Guillot-Gorju lui a montrés et qu'il donne au lieutenant de police, lequel pendant toute cette scène s'est tenu dans sa position première, le dos tourné, assis sur l'escabeau de Tagus et jetant à peine par moments un regard oblique sur la reine.

L'HOMME, à maître Trévoux.

Vite !
Écris : *Laissez passer cette dame et sa suite.*

Le lieutenant de police écrit, l'homme prend le papier et le présente à la reine qui en examine l'écriture avec étonnement.

LA REINE, lisant.

Signé TRÉVOUX !

A part.

Il est magicien, je crois.

Elle tire de son doigt la sardoine et la lui donne.

Tiens, garde cette bague en souvenir de moi. —
Quand tu voudras me voir, à Saint-Germain, au Louvre,
A Compiègne, partout, montre-la pour qu'on t'ouvre.

L'homme pose un genou en terre, prend la bague et la met à son doigt. La reine lui fait signe de regarder dans la place. Le jour a baissé pendant cette scène.

— Aucun passant dehors ?

L'homme soulève la tapisserie, puis revient.

L'HOMME.

Madame, c'est le soir,
Les bourgeois sont rentrés.

LA REINE.

Adieu.

*Elle sort précipitamment. — Dès qu'elle est sortie, l'homme va droit
à maître Trévoux qui se lève.*

L'HOMME, au lieutenant de police, d'une voix grave et ferme.

         Vous devez voir,
Monsieur, que, sans vouloir faire le bon apôtre,
L'un de nous dans ses mains tient la tête de l'autre,
Et que ce n'est pas vous. — Je puis vous perdre. — Ainsi,
Vous et vos espions, allez-vous-en d'ici,
Et n'y revenez plus. — Si je revois un sbire,
Je vous dénonce. Allez. Je consens à vous dire,
Monsieur, que comme vous j'ai des projets cachés,
Et que je ne suis pas l'homme que vous cherchez.
Votre discrétion vous répond de la mienne
Silence donc, — sur tout! — Et puis, qu'il vous souvienne
Que toujours dans son piège un traître se perdit.
Donc, pas de mauvais tours. — Est-ce dit?

MAITRE TRÉVOUX, comme frappé de stupeur.

         Oui, c'est dit.

L'HOMME.

Rendez-moi mon valet.

MAITRE TRÉVOUX, à part, jetant sur l'homme un regard de crainte.

       J'ai fait un beau chef-d'œuvre!
On croit saisir un ver, on prend une couleuvre.
Quel est ce diable d'homme?

L'HOMME, le congédiant du geste.

Allez.

Le lieutenant de police sort. L'homme le suit quelque temps des yeux, puis va se rasseoir rêveur sur la borne renversée. Au fond du théâtre, le duc de Chaulne et le comte de Bussy reviennent du côté où ils sont sortis. Ils se dirigent en causant vers le devant de la scène, sans voir l'homme et sans être vus de lui.

L'HOMME, pensif, sur son banc.

Il se fait nuit.

LE DUC DE CHAULNE, au comte de Bussy.

De ton Jean de Créqui l'histoire me poursuit.
Cette Alix de Ponthieu me reste dans la tête.

M. DE BUSSY, lui montrant la rue à gauche qui débouche sur la place.

Tiens ! tiens ! Brézé qui fait le bruit d'une tempête.

M. DE CHAULNE, regardant.

Comme il semble en fureur !

M. DE BUSSY.

Il n'a lu qu'aujourd'hui
Ce libelle partout répandu contre lui,
Où l'on dit qu'il vola lorsqu'il était à Nîme.

M. DE CHAULNE.

Oui, Mazarin, dit-on, a soufflé l'anonyme.

Entrent le comte de Brézé et le vicomte d'Embrun, en habit de ville. M. de Brézé paraît violemment irrité. Il tient à la main une brochure avec laquelle il gesticule vivement. Au bruit et à l'éclat de son entrée, l'homme se retourne et observe les quatre gentilshommes, sans être remarqué d'aucun d'eux.

SCÈNE VII

Les Mêmes, LE COMTE DE BRÉZÉ,
LE VICOMTE D'EMBRUN.

LE COMTE DE BRÉZÉ, à M. d'Embrun.

Que me fait ton tableau des vices d'à présent ?
Vois-tu, mon seul souci, chagrin âpre et cuisant,

Il froisse violemment la brochure entre ses mains.

C'est cet affront stupide, atroce, ignoble, étrange,
Que je ne puis venger — et qu'il faut que je venge !

LE VICOMTE D'EMBRUN.

Calme-toi. Tiens, pardieu, voilà Chaulne et Bussy
Qui sont du Mazarin fort mécontents aussi.

LE COMTE DE BRÉZÉ.

Mécontents ? Moi, je suis outré !

LE COMTE DE BUSSY.

      Mais nous le sommes
Comme toi.

LE VICOMTE D'EMBRUN.

  L'on a tant ployé les gentilshommes
Qu'aujourd'hui Mazarin les frappe impunément.
Chaulne a perdu sa charge.

LE COMTE DE BUSSY.

      Et moi, mon régiment.

17

LE COMTE DE BRÉZÉ.

Mais un outrage, Embrun, la plus sanglante injure,
Un : tu mens ! un soufflet, ce n'est rien, je vous jure,
Quand on peut, comme il sied entre ennemis bien nés,
Prendre au collet son homme et lui dire : Venez !
Certes, qu'Uzès offense Elbeuf, que Gontaut raille
La Trémouille, qu'Albret fasse injure à Fontraille,
Après qu'il a parlé nul d'eux n'est interdit,
Ce sont de braves gens, ce qu'ils ont dit est dit;
Le lendemain, bravant lois et règle établie,
Et maître Jean, bourreau de la Connétablie,
L'œil furieux, le front de colère empourpré,
Épée et tête haute, ils s'en vont sur le pré;
Coup pour coup, sang pour sang, c'est bien; — tu les dénigr
Je les défends; — ce sont des lions et des tigres,
Terribles, mais grands, beaux dans le cirque fumant,
Qui, vaillamment mordus, mordent superbement !
Mais un cuistre ! un gredin ! un odieux bélître
Qui ramasse un caillou pour me casser ma vitre !
Un moine italien, mauvais drôle enfroqué,
Brave à qui feraient peur les laveuses du quai,
Qui, pour sublime effort de son courage insigne,
Prend la griffe d'un autre et puis m'en égratigne !
Un porteur de surplis ! un gueux, par Jupiter !
Bavant sur moi dans l'ombre en disant son pater,
Qui me fait insulter par l'absurde tapage
D'un sale gazetier payé trois sous la page !
Ah ! ce faquin mitré, ce vil traître tondu
Qui me lâche son dogue et se cache éperdu,
Je veux être moi-même un fat, sans cœur, sans âme,
Si je ne le fais pas demain, comme un infâme,

ACTE PREMIER, SCÈNE VII.

Rouer par six laquais de coups de nerf de bœuf
Devant le roi Henri qu'on voit sur le Pont-Neuf!

LE DUC DE CHAULNE.

Voilà, sur ma parole, une illustre pensée,
J'en suis.

LE COMTE DE BUSSY.

Pour applaudir j'irai sur la chaussée,
A même avec les gueux, les bourgeois, les piétons!

LE DUC DE CHAULNE.

Je fournis les laquais.

LE COMTE DE BUSSY.

Je fournis les bâtons.

Depuis quelques instants l'homme s'est levé, s'est approché doucement des gentilshommes par derrière sans qu'ils s'en soient aperçus, et, au plus fort de leur emportement, il pose familièrement la main sur l'épaule de M. de Brézé.

L'HOMME, *en souriant, à M. de Brézé, qui se retourne stupéfait.*

Rosser un cardinal de l'église romaine,
Un ministre qui tient la France et qui la mène,
Lui rompre sur l'échine un nerf de bœuf, — Brézé,
C'est très beau, c'est royal, mais ce n'est pas aisé.

Étonnement des quatre seigneurs.

LE COMTE DE BUSSY.

A qui parle ce drôle avec sa cape jaune?

LE VICOMTE D'EMBRUN.

Holà! prête-moi donc ta canne, duc de Chaulne.
Se voir apostropher par des on ne sait qui,
C'est par trop fort!

L'HOMME, impassible.

Je suis Jean, comte de Créqui,
Baron de Vaize, armé d'or au créquier de gueule.
En guerre, ma maison réunit elle seule,
Sans même recourir à son arrière-ban,
Blanchefort, Vaize, Agoust, Montlor et Montauban.
Grand d'Espagne du chef de ma mère Farnèse,
Et général de mer sous le roi Louis treize,
Voilà ce que j'étais autrefois. Maintenant,
Moins compté dans l'état que le dernier manant,
Banni par Mazarin depuis dix ans, ruine
D'un seigneur sur lequel croissent les ducs de Luyne,
Ma tête à prix, caché, seul, errant, sans appuis,
Sans amis, sans parents, voilà ce que je suis.
Cela dit, vous plaît-il que nous parlions ensemble?

Les gentilshommes s'approchent vivement de Jean de Créqui.

LE COMTE DE BRÉZÉ.

Ta main, Créqui ! Vrai Dieu ! même sort nous rassemble.
On ose m'outrager, on osa te bannir.

LE COMTE DE BUSSY, *envisageant M. de Créqui comme un homme qui cherche dans sa mémoire.*

Au comte Jean.

Oui, c'est bien en effet Créqui. — Ton souvenir
N'est pas mort parmi nous.

Tous serrent la main du comte Jean.

LE DUC DE CHAULNE.

Nous parlions tout à l'heure
De toi.

ACTE PREMIER, SCÈNE VII.

LE COMTE JEAN.

Merci, messieurs.

LE VICOMTE D'EMBRUN, examinant le costume de Jean de Créqui
avec un geste d'admiration.

Comte Jean! que je meure
Si l'on vous reconnaît! — Vous êtes déguisé!

LE COMTE JEAN.

Non. Vieilli. Pour vieillir un pauvre homme, Brézé,
Vois-tu, dix ans d'exil valent vingt ans de vie.

Aux quatre gentilshommes.

Messieurs, que voulez-vous et quelle est votre envie?
La vengeance? Je viens vous l'apporter. — Pardieu!
Faites moins de vacarme et jouez mieux le jeu!
Moi, je tiens le joueur risible et détestable
Qui frappe à tout propos des deux poings sur la table,
Qui se fâche, et maudit brelan ou quinola,
Criant l'argent qu'il perd et les cartes qu'il a.
Pendant tout cet éclat, le fer caché s'aiguise.
Jamais un Henri trois n'est empêché d'un Guise.
Donc attaquez, selon qu'il faut l'ombre ou le bruit,
Au grand jour Richelieu, mais Mazarin la nuit.
Donc, aujourd'hui la sape et demain l'estocade.
La moitié du combat se fait dans l'embuscade.
Donc, calme-toi, Brézé, pas d'esclandre, et, crois-moi,
Garde, sans dire mot, ta charge auprès du roi.
Et puis ne craignez rien, la lutte sera grande.
Que si quelqu'un de vous maintenant me demande
A quoi bon ces haillons que j'emprunte aux ribleurs,
C'est mon secret. J'entends le garder. Et d'ailleurs

C'est l'habit de ce siècle ignoble, fourbe, oblique!
Siècle où rien n'a grandi que la honte publique!
Où notre œil, quelque part que nous pénétrions,
Ne voit que charlatans, baladins, histrions!
Farce où se perd l'honneur de tous! — le mien, le vôtre!
Retz est sur un tréteau, Mazarin sur un autre.
L'Autriche est le souffleur qui tient le manuscrit.
Or, moi, Jean de Créqui, gentilhomme et proscrit,
Messieurs, puisque la France, à qui la pudeur manque,

Il va à la table où sont les gobelets.

Est aux comédiens, je me fais saltimbanque!
Tant qu'il le faudra donc, ainsi qu'un réprouvé,
Je veux faire scandale et bruit sur le pavé;
Et, comme si j'étais à moi seul la finance,
La cour, le parlement, la fronde et l'éminence,
Le clergé, la Sorbonne et l'université,
Vous épouvanter tous de mon rire effronté!
— Eh bien! cette insultante et haute parodie,
Est-ce mon but, messieurs? non. J'ai l'âme hardie,
Je soutiens l'opprimé, je nargue l'oppresseur,
Mais je n'ai pas le goût de trancher du censeur;
Et, quoique assez épris de mon rôle fantasque,
Dès demain, si je puis, je jetterai ce masque.
Mais au moins, direz-vous, faire d'un ciel serein
Choir un grand coup de foudre au front de Mazarin,
Nous venger tous, reprendre enfin ton héritage,
C'est là ce que tu veux? Messieurs, pas davantage.
Non, bien qu'un sang fort vif batte sous mon pourpoint,
Je suis trop vieux pour être en colère à ce point;
Et, quoique Mazarin par ce que je vais faire
Doive tomber, — du moins, je le crois, je l'espère, —

La vengeance n'est pas mon but. Vaincu, vainqueur,
En quatre mots voici ce que j'ai dans le cœur.
Banni depuis dix ans, mon âme était en France,
Toute mon âme, hélas! toute mon espérance,
— Un enfant, — mon bonheur, mon remords, mon devoir,
Aube qui rayonna jadis sur mon front noir,
Et qui resta fidèle à ma tête accablée
Quand toute autre clarté pour moi se fut voilée!
Un enfant, jeune fille aujourd'hui... — Mais pourquoi
Vous conter des détails qui ne touchent que moi?
D'ailleurs, ce secret triste est muré dans la tombe.
Elle ignore elle-même, humble et pure colombe,
Et ne saura jamais pourquoi je l'aime ainsi.
Messieurs, voilà dix ans, oui, dix ans ce mois-ci,
Que je n'ai vu cet ange! — Eh bien, je ne puis vivre
Sans entendre sa voix, musique qui m'enivre,
Sans voir ses yeux, flambeaux de mes regards troublés,
Sans elle enfin! — Plaignez les pauvres exilés!
Puis autour d'elle aussi tout s'en va, tout décline.
Je crois vous avoir dit qu'elle était orpheline?
Elle a besoin de moi. Depuis quatre ans passés,
— Ils ont intercepté mes lettres, — je ne sais,
Mais j'ai perdu sa trace. Où vit-elle à cette heure?
Je l'ignore. O mon Dieu! pour la revoir, — j'en pleure! —
Pour pouvoir être en France et vivre à ses côtés,
J'ai prié, supplié, j'ai fait cent lâchetés,
J'ai dit à Mazarin qu'il était un grand homme,
J'ai fait écrire au roi, de Madrid et de Rome.
Rien! on n'a pas voulu me laisser revenir.
Alors je me suis dit : il est temps d'en finir!
Voilà pourquoi, proscrit, j'arrive en cette ville;
Pourquoi, sous cet habit, livrée étrange et vile,

J'entre en un formidable et sombre événement,
Où Dieu m'aide, et qui va peut-être en un moment
Changer, d'une secousse effrayante et profonde,
La forme de la France et la face du monde.

Moment de silence.

Maintenant j'ai tout dit. Ne m'interrogez pas.
Ne me connaissez plus, ne suivez point mes pas.
Seulement, indignés, muets, en force, en nombre,
Soyez prêts pour le jour où tout à coup dans l'ombre
Je crierai, surgissant à vos yeux effarés :
— A moi! tout est fini. L'œuvre est faite, accourez!

M. DE BRÉZÉ.

Compte sur nous.

Les quatre seigneurs lui serrent la main de nouveau en silence avec un redoublement d'effusion.

LE COMTE JEAN.

J'y compte. Adieu. L'heure est venue
Où je dois rester seul.

Il reconduit les quatre seigneurs jusqu'à la sortie de la place, puis revient sur le devant du théâtre et retombe dans sa profonde préoccupation.

L'allumeur survient, allume le réverbère, et passe.

LE COMTE JEAN, *le front dans sa main, rêvant.*

— Cette femme inconnue!...

La nuit est tout à fait venue. Quelques croisées s'allument aux maisons éloignées. Tagus paraît au fond de la place et court vers le comte Jean avec une expression de joie étrange et effarée.

SCÈNE VIII

LE COMTE JEAN, TAGUS.

TAGUS.

Merci, maître ! Sans toi j'étais pendu. Merci !
Je te dois d'être libre. Ils me l'ont dit. Aussi,
Mon maître, écoute bien : le bohème, homme fauve,
Vit pour qui le fait vivre et meurt pour qui le sauve.
Eh bien ! je suis à toi. Va, je te suis partout.
Prends le bout d'un fer rouge et je prends l'autre bout
Et je dirai : Voyez ce digne gentilhomme;
Je l'aime, car sans lui je ferais un fier somme !
Sans lui, le vent du soir au gibet me berçant,
Comme pris aux cheveux par un arbre en passant,
Dans un enclos fermé de livides murailles,
J'effleurerais du pied la pointe des broussailles !
— Je t'appartiens.

LE COMTE JEAN.

C'est bien. Je compte aussi sur toi,
Tagus. Va maintenant.

TAGUS.

Mais le Louvre est au roi,
La baraque est à nous. Il faut que je l'emporte.

Il se met à démolir lestement la baraque, arrache les perches, défait les tentures et charge le tout au fur et à mesure dans la petite charrette à bras, où il entasse également table, chaises, grosse caisse et tout leur mobilier de saltimbanque. — Le comte Jean pensif le regarde faire.

LE COMTE JEAN.

Où te retrouverai-je?

TAGUS, tout en travaillant à son déménagement.

A côté de la porte
Baudoyer, au logis de l'Orme Saint-Gervais.

LE COMTE JEAN.

Bien, dépêche.

TAGUS, s'interrompant.

A propos, les sergents sont mauvais.
Ils brillent fort de loin, mais quand on les approche...

Il tire de son haut-de-chausses un papier qu'il donne au comte Jean.

Maître, je n'ai trouvé que ceci dans leur poche.

LE COMTE JEAN, dépliant le papier et le lisant à la lumière de la lanterne allumée au coin de rue.

« Vous pouvez vous fier au porteur du présent. »
— Signé MAZARIN. — Oui? Mais, dans un cas pressant,
Cela peut fort servir.

Il serre le papier dans sa poche. Pendant ce temps-là Tagus a fini. Toute la baraque est sur la charrette. Il s'approche du comte Jean.

LE COMTE JEAN.

Pars.

Tagus s'attelle à la charrette et sort en la traînant. Dès qu'il a disparu, le comte Jean regarde vers le coin de la place que Gorju lui a indiqué.

Rien encor!... —

Revenant sur le devant du théâtre.

Peut-être...

Mais non.

Trois coups frappés dans la main se font entendre dans l'obscurité.

C'est le signal! Enfin!
Élevant la voix.

Dieu seul est maître.

Compiègne et Pierrefonds! —

Une femme, toute jeune fille, en noir, avec un long voile de dentelle noire, sort, au fond de la place, de l'angle désigné par Guillot-Gorju, et s'avance avec précaution et à pas lents vers le comte Jean.

SCÈNE IX

LE COMTE JEAN, UNE JEUNE FILLE, voilée.

LA JEUNE FILLE, à demi-voix.

Ami? C'est vous?

LE COMTE JEAN, baissant également la voix.

Oui, moi, Madame.

LA JEUNE FILLE.

Êtes-vous seul?

LE COMTE JEAN.

Seul. N'ayez point d'effroi.

LA JEUNE FILLE, avançant jusqu'à lui.

Eh bien?

LE COMTE JEAN.

Tout marche au mieux. Nous romprons chaîne et grill
Puisque c'est Pierrefonds qui lui sert de bastille,
Le captif est sauvé; je connais Pierrefonds.
Des amis, déguisés en soldats, en bouffons,
M'aideront. Nul danger. Si vous êtes certaine

De ce geôlier gagné par vous, sans grande peine
Nous le délivrerons. Je réponds du succès.

LA JEUNE FILLE.

Je pourrai du donjon vous aplanir l'accès.
Voici : les médecins ont dit l'autre semaine
Que, ne voyant jamais une figure humaine,
Le captif se mourait d'ennui, malgré leurs soins,
Que son cachot le tue et qu'il fallait au moins
Qu'il entendît chanter dans la chambre voisine.
Pour ce chant, seul remède au chagrin qui le mine,
Je me suis fait choisir, grâce au geôlier gagné
Dont on me croit la fille. Or, au jour désigné,
Moi dedans, vous dehors, si pour nous Dieu travaille,
Ami, nous briserons cette affreuse muraille,
Nous fuirons, nous rendrons le bonheur, le foyer,
L'air, le soleil, la vie et l'âme au prisonnier.

LE COMTE JEAN.

Une fois libre, il faut empêcher qu'on l'atteigne.
Où le cacherez-vous ?

LA JEUNE FILLE.

     Ami, j'ai, vers Compiègne,
Dans les bois, — une lieue au nord de Pierrefonds, —
Un grand vieux château plein de repaires profonds,
Plessis-les-Rois ; maison construite loin des villes,
Faite pour se cacher dans les guerres civiles.
C'est là que je suis née et que ma mère, hélas,
Est morte. — Depuis lors on ne l'habite pas.
Nous le conduirons là, par des portes secrètes
Que seule je connais...

ACTE PREMIER, SCÈNE IX.

LE COMTE JEAN, qui a écouté la jeune fille avec une agitation toujours croissante.

     Ciel! madame! Vous êtes
Alix de Ponthieu!

    LA JEUNE FILLE.

    Oui. Mais comment savez-vous?...

  LE COMTE JEAN, tombant à genoux.

Madame! au nom du ciel! je vous parle à genoux.
Madame! le péril est très grand, je vous jure.
Sortez de cette noire et tragique aventure !
Je ne suis pas celui que vous croyez; je suis
Un homme qui vous vit naître, hélas! qui depuis
A bien souffert, rongé d'une pensée amère,
Un ancien serviteur de votre noble mère,
Qui, taisant, il le doit, ses droits, sa mission,
Vient faire sous votre ombre une expiation;
Un pauvre homme qui veut, si Dieu pour vous l'emploi
Vous ôter la souffrance et vous donner la joie;
Que jamais d'aucun nom vous ne pourrez nommer;
Lion pour vous défendre et chien pour vous aimer!

    ALIX DE PONTHIEU.

Monsieur!..

    LE COMTE JEAN.

   Vous m'appeliez votre ami tout à l'heure!
Je suis un vieux soldat, barbe grise, et je pleure!
Jugez de ce que j'ai dans l'âme. Oh! croyez-moi.
Ayez quelque pitié, madame, et quelque foi.
— Venez sous cette lampe un peu, que je vous voie!

18

Alix s'approche de la lanterne, il la contemple avec une sorte d'adoration.

Que vous êtes grandie et belle! Oh! quelle joie
De vous revoir! Voilà dix ans! — dix ans d'ennui! —
Vous ne me pouvez plus reconnaître aujourd'hui.
Oui, dans ce château même où personne n'habite,
Mon Dieu! je vous ai vue enfant, toute petite,
— Haute comme cela, — rose et le front vermeil,
Dans les prés, dans les fleurs, courir en plein soleil!
Pauvre enfant! — Oh! croyez votre ami! — Sur mon âme
Je dis vrai! Même un jour, vous eûtes peur, madame,
Voyant des zingaris et des égyptiens,
Vous courûtes à moi!

ALIX.

C'est vrai, je m'en souviens.

LE COMTE JEAN.

Ah! vous voyez! — Eh bien, que ma voix vous arrête!
Vous femme! jeune fille! — Ah! l'on risque sa tête
En touchant aux verrous des bastilles d'état!
C'est un dessein terrible! un crime! un attentat!
C'est fou! Vous attaquer à Mazarin lui-même!
Et que vous fait à vous ce prisonnier?

ALIX.

Je l'aime.

LE COMTE JEAN.

Vous l'aimez!

ALIX.

Croyez-vous que j'agissais ainsi
Pour des raisons d'état?

LE COMTE JEAN, à part.

Oh ! le sort m'a saisi
Pour ne plus me lâcher, comme un tigre sa proie !

ALIX.

Oui, je l'aime ! et je sens qu'à son aide on m'envoie.
Voyez-vous, tout enfant livrée à des tuteurs,
Sans parents, sans amis, sans soins, sans protecteurs,
Je n'avais que les champs et les cieux pour études,
Et je passais ma vie au fond des solitudes
A songer. — C'est ainsi que Dieu, loin du grand jour,
Faisait mon âme exprès pour un étrange amour.
Vous qui m'aimez aussi, vous qu'aussi Dieu m'envoie,
Écoutez. — Le chemin de Montdidier à Roye
Passe près d'un manoir où j'étais l'an dernier.
Un soir, pour y loger un certain prisonnier
Dont j'avais vu venir l'escorte dans la plaine,
On vint me demander ma prison. Châtelaine,
Je dois toutes mes clefs au roi mon suzerain.
J'obéis. Dans la nuit, jusqu'à ce souterrain,
J'osai, par un couloir dont je savais l'issue,
Me glisser curieuse et sans être aperçue.
Le soupirail grillé rayonnait au dehors.
Je n'oublierai jamais ce que je vis alors.
Le prisonnier allait et venait sous la voûte.
— Quoique sans l'avoir vu, vous connaissez sans doute
Quel aspect effrayant il présente aux regards. —
Dans l'ombre on distinguait quatre sbires hagards.
Personne ne parlait. C'était comme une tombe.
Moi, plus pâle qu'un front sur qui la hache tombe,
Je regardais glacée à travers les barreaux
Ce spectre qui marchait gardé par des bourreaux.

Combien de temps restai-je en ce lieu? Je l'ignore.
Le lendemain, captif et sbires, dès l'aurore,
Tout avait disparu comme une vision.
Que vous dire à présent? Folle, illusion,
Bon ou fatal dessein, le fait est qu'une idée
Vit depuis ce jour-là dans mon âme obsédée.
Partout ce prisonnier comme une ombre me suit,
Passe et me tend les bras, puis rentre dans la nuit.
Je le délivrerai. Quelle est cette victime?
On voit bien qu'il est jeune; il n'a pas fait de crime.
De quel droit les bourreaux qui l'ont au milieu d'eux
Lui changent-ils la vie en un rêve hideux?
Qu'est-ce que ce mystère? Ainsi pour ne rien feindre,
J'ai fini par l'aimer à force de le plaindre.
J'ai su qu'à Pierrefonds on l'avait transféré,
Et je veux le sauver et je le sauverai!
Je me suis dit cent fois ce que vous m'allez dire,
Que c'est une démence, un abîme, un délire,
Que je ne connais rien de lui, que je pourrais
Choisir quelque seigneur beau, jeune... — Eh bien, après?
Je l'aime! — C'est un but, une fièvre, une flamme,
Une volonté sombre et qui me remplit l'âme,
Le délivrer! Mon Dieu, je le vois toujours là!
Je ne sais pas quel nom vous donnez à cela,
Mais je sens que je l'aime!

LE COMTE JEAN

O la triste chimère!
Vous n'avez jamais eu les conseils d'une mère,
C'est vrai, pauvre jeune âme! Hélas!

ALIX.

Il souffre tant!

Ayez pitié de lui.

LE COMTE JEAN.

Son visage, pourtant,
Vous ne l'avez pu voir, madame.

ALIX.

Je le rêve.

LE COMTE JEAN.

Et rêvez-vous aussi l'échafaud et la Grève,
Les juges effrayants, pourvoyeurs de tombeaux,
Et les arrêts de mort qu'on vient lire aux flambeaux ?

ALIX.

Il faut que je le sauve ou bien que je succombe.
Dieu le veut. J'ouvrirai son cachot — ou ma tombe.

LE COMTE JEAN.

Oh! n'allez pas plus loin — pour mourir, je le sai, —
Dans ce projet sinistre, impossible, insensé!
Par tous vos parents morts, par leur âme et la vôtre,
Par le lien obscur qui nous joint l'un à l'autre,
Moi vieillard tout à l'heure et vous encore enfant,
Je vous en prie, Alix, — et je vous le défend!

ALIX.

J'entends la voix d'en haut m'ordonner le contraire,
Et, qui que vous soyez, je ne puis m'y soustraire.
Votre défense est vaine. — Écoutez, mon ami ;
Quand ma mère, cet ange avant l'heure endormi,
Quand monsieur le marquis Paul de Créqui, mon père,

18.

Sortirait de la tombe exprès pour me la faire,
Me pardonne le ciel, je n'obéirais pas!

LE COMTE JEAN.

Eh bien, allez! Dieu sait où vous mènent vos pas.
Je n'ai plus rien à faire à présent que vous suivre,
Vous aimer, vous aider, et ne pas vous survivre.

ALIX.

Je vous attends demain.

LE COMTE JEAN.

L'heure ?

ALIX.

Minuit.

LE COMTE JEAN.

Le lieu ?

ALIX.

Derrière l'arsenal.

LE COMTE JEAN.

J'y serai.

ALIX, lui tendant la main qu'il prend et qu'il serre sur ses lèvres.

Bien.

Elle sort. — Il tombe à genoux.

LE COMTE JEAN.

Mon Dieu,
Protégez, vous espoir du navire qui sombre,
Cette enfant que le sort emporte à travers l'ombre!

ACTE DEUXIÈME

Une chambre très sombre, à voûte ogive, pavée en larges dalles, tendue en velours écarlate à crépines d'or, meublée de grands fauteuils à bras dorés et à dossiers de tapisserie; d'un aspect à la fois sinistre et magnifique. A gauche, dans un pan coupé, un large lit de damas rouge et de tapisserie alternée, à colonnes, à dais et à chef d'or sculpté, revêtu d'un riche couvre-pied de dentelle. A droite, dans un autre pan coupé, une haute cheminée, garnie de sa plaque de fer fleurdelysée. Cette plaque est si grande qu'elle occupe entièrement le fond de la cheminée. A droite également, une table recouverte d'un tapis de velours et posée sur un tapis des Gobelins carré. Sur la table, un miroir de Venise. Au-dessus du lit, un grand Christ d'ivoire sur ébène, non janséniste, c'est-à-dire les bras étendus.

Dans un coin, à droite, près de la table, une partie de la tenture a été déchirée et laisse voir à nu la muraille, sur laquelle on distingue quelques dessins étranges gravés dans la pierre; un grand clou est jeté sur la table.

La chambre ne reçoit de jour que par une longue fenêtre grillée qui est au fond et à laquelle on parvient par trois hautes marches de pierre. Le rayon de lumière qui passe par cette fenêtre vient se projeter visiblement sur le pavé. La baie de la fenêtre fait voir l'énorme épaisseur de la muraille.

Au lever du rideau, une sorte de figure étrange est debout près de la table. Rien au premier aspect ne laisse deviner l'âge ni le sexe de cette figure, qui est couverte d'une longue robe de velours violet, et dont la tête est entièrement emboîtée dans un masque de velours noir, lequel cache les cheveux comme le visage et descend jusque sur les épaules. Un petit cadenas de fer ferme ce masque par derrière. Quand la robe s'entr'ouvre, on peut entrevoir des vêtements de satin noir et les formes d'un adolescent. Ce prisonnier paraît plongé dans une profonde et douloureuse rêverie.

Tout au fond, au-dessus de la fenêtre, dans une petite galerie sombre qui fait le tour du cachot le long du mur à la naissance de la voûte, et qui communique avec la chambre par un escalier-échelle en bois doré appliqué à gauche contre la tenture, on distingue vaguement un vieux hallebardier en cheveux blancs et à barbe grise, le visage traversé d'un bandeau noir qui lui cache un œil. Ce soldat, debout, silencieux et immobile dans les ténèbres comme une statue, tient à sa main droite un long pistolet et à sa main gauche une épée nue; sa hallebarde, appuyée à un angle des nervures de la voûte, brille derrière lui dans la pénombre.

Au-dessus de l'escalier, à gauche, une porte de fer, à demi entrevue sous une riche portière.

SCÈNE PREMIÈRE

LE MASQUE. — Au fond, LE SOLDAT.

LE MASQUE, levant la tête pesamment et parlant comme avec effort.

Pour la vie !

Il tourne la tête comme regardant autour de lui.

Une tombe ! — Et j'ai seize ans à peine.

Il marche à pas lourds vers le fond du cachot et semble considérer la lumière de la fenêtre projetée à ses pieds sur le pavé.

Que ce rayon est pâle et lentement se traîne !

Il paraît compter les dalles et mesurer des yeux une distance.

Oh ! la cinquième dalle est loin encor !

Il écoute.

— Nul bruit !

Il revient sur le devant du théâtre à pas précipités, et, avec une explosion désespérée :

Vivre dans deux cachots à la fois, jour et nuit !
Oui, les bourreaux — Seigneur ! quel dessein est le vôtre ? —
Ont mis mon corps dans l'un, mon visage dans l'autre.
— Oh ! ce masque est encor le plus affreux des deux !

Il semble se mirer dans la glace de Venise posée sur la table.

Parfois dans ce miroir un fantôme hideux
Me fait peur quand je passe et marche à ma rencontre.
C'est moi-même ! Aux barreaux aussi, quand je me montre,
Je vois le laboureur s'enfuir épouvanté !

Il s'assied et rêve.

Le sommeil ne met pas mon âme en liberté.
Dans mes songes jamais un ami ne me nomme ;
Le matin, quand j'en sors, je ne suis pas un homme
Allant, venant, parlant, plein de joie et d'orgueil,
Je suis un mort pensif qui vit dans son cercueil.
— C'est horrible ! — Jadis, — j'étais enfant encore, —
J'avais un grand jardin où j'allais dès l'aurore,

Je voyais des oiseaux, des rayons, des couleurs,
Et des papillons d'or qui jouaient dans les fleurs !
Maintenant !...

Il se lève.

Oh ! je souffre un bien lâche martyre !
Quoi donc ! il s'est trouvé des tigres pour se dire :
— Nous prendrons cet enfant, faible, innocent et beau,
Et nous l'enfermerons, masqué, dans un tombeau !
Il grandira, sentant, même à travers la voûte,
L'instinct de l'homme en lui s'infiltrer goutte à goutte ;
Le printemps le fera, dans sa tour de granit,
Tressaillir comme l'arbre et la plante et le nid ;
Pâle, il regardera, de sa prison lointaine,
Les femmes aux pieds nus qui passent dans la plaine ;
Puis, pour tromper l'ennui, charbonnant de vieux murs,
Sculptant avec un clou tous ses rêves obscurs,
Il usera son âme en choses puériles ;
Vous creuserez son front, rides, sillons stériles !
Les semaines, les mois et les ans passeront ;
Son œil se cavera, ses cheveux blanchiront ;
Par degrés, lentement, d'homme en spectre débile
Il se transformera sous son masque immobile !
Si bien qu'épouvantant un jour ses propres yeux,
Sans avoir été jeune, il s'éveillera vieux !
— Oh ! je le suis déjà. Mon âme est bien lassée !
Enfant par les terreurs, vieillard par la pensée,
Homme jamais ! Mon Dieu, vous êtes sans pitié !

Il se jette dans le fauteuil, la tête et les bras à plat sur la table, comme abîmé dans son désespoir. Après un instant de silence, il se lève péniblement et va de nouveau examiner le rayon de lumière qui, pendant toute la scène, se meut insensiblement sur le pavé.

Il n'a pas du trajet encor fait la moitié.

ACTE II, SCÈNE I.

Il laisse tomber sa tête avec angoisse et semble se replonger dans sa rêverie.

O ma mère ! pourtant je vous aurais aimée !
— J'étouffe ! —

Il va à la fenêtre du fond, monte les marches et regarde dans la campagne.

    Dieu ! là-bas, comme cette fumée
Monte blanche et joyeuse et s'en va dans le ciel !

Au fond du cachot, du haut des marches.

— Quoi ! l'homme fait sa gerbe et l'abeille son miel !
Quoi ! le fleuve s'enfuit ! quoi ! le nuage passe !
L'hirondelle des tours s'envole dans l'espace,
La nature frissonne et chante dans les bois,
Tout est plein de concerts, de murmures, de voix,
Tout est doux, tout est beau sur la terre où nous sommes ;
Et rien ne dit au monde, et rien ne crie aux hommes :
Vous êtes tous heureux ! vous êtes libres, vous !
Eh bien ! dans ce donjon, là, sous de noirs verrous,
Privé de brise fraîche et de chaude lumière,
Enviant sa fumée à la pauvre chaumière,
Un prisonnier languit que les cachots tueront,
Dont nul ne sait le nom, dont nul n'a vu le front,
Un mystère vivant, ombre, énigme, problème,
Sans regard pour autrui, sans soleil pour lui-même !
Triste et morne captif, ô comble de douleurs,
Qui pleure sans pouvoir même essuyer ses pleurs !

Il revient sur le devant du théâtre.

— Oh ! baigner un seul jour, dans l'air qui partout vibre,
Mes cheveux, ma poitrine et mon visage libre,
Et puis mourir ! — Mais non, jamais ! — Masque odieux !

Il cherche, de ses deux mains, à arracher son masque.

Jamais pour déployer mes ailes dans les cieux,
Jamais pour m'envoler fier dans l'azur splendide,
Je ne pourrai te rompre, affreuse chrysalide !
— O rage !

*Il s'assied, laisse tomber sa tête sur la table et on l'entend sangloter.
Après quelques instants, sa tête se relève.*

Mais cet ange ! oh ! ne blasphémons point !
L'heure vient

Il va de nouveau voir où en est le rayon.

Le rayon aura bientôt rejoint
La marque que j'ai faite à la cinquième dalle.

Revenant.

— Son approche endort tout dans mon âme fatale,
Et je me sens au cœur un amour infini ! —

On entend quelques accords de luth qui semblent venir d'une chambre voisine.

C'est elle ! Je l'entends !

Il tombe à genoux.

Mon Dieu ! soyez béni !

Profond silence. Une voix s'élève du même endroit que le luth dont elle semble s'accompagner. Le prisonnier écoute, à genoux, dans une attitude de prière et d'extase.

LA VOIX.

Dans l'ombre où Dieu te plonge
Tout le ciel chante en chœur !
Qu'aucun deuil ne te ronge !
Ton âme ébauche un songe
Qu'achèvera ton cœur !

L'ombre a de douces choses
Pour la pauvre âme en feu,
Des étoiles, des roses,
A la même heure écloses,
Pleines du même Dieu !

La nuit, sur le lac sombre,
Sur le coteau dormant,
Entends ces bruits sans nombre !
C'est la chanson de l'ombre
Qui monte au firmament.

Ne te plains pas encore
De ne point voir le jour.
L'aube est tout près d'éclore.
La nuit contient l'aurore,
L'ombre cache l'amour.

LE MASQUE, à genoux, tourné vers la cheminée d'où le chant
a paru venir.

Viens !

La plaque de la cheminée tourne lentement sur elle-même comme une porte. Un rayon de lumière se fait jour par cette ouverture, sur laquelle le Masque fasciné fixe son regard, en disant à voix basse :

Oh ! viens, maintenant !

Une femme vêtue de blanc paraît à l'ouverture. C'est Alix. Derrière elle un geôlier qui tient à la main une lanterne, dont la clarté se répand dans le cachot.
Le Masque, toujours à genoux, contemple cette femme entourée de lumière comme une vision.

SCÈNE II

LE MASQUE, ALIX. Au fond, dans la cheminée, **LE GEO-
LIER.** En haut, dans la galerie, **LE SOLDAT.**

Alix, de son côté, fixe sur le prisonnier des yeux pleins d'amour
et de compassion.

LE MASQUE.

    La voilà ! — qu'elle est belle !
Et le jour, et la vie, et la joie avec elle !

Joignant les mains.

Oh ! laisse, être charmant, femme, apparition,
Laisse-moi t'adorer, car un divin rayon
Va, comme d'une étoile aux cieux épanouie,
De ton œil lumineux à mon âme éblouie !
Car en te regardant je vois clairement Dieu !
— Ta tête aventurée en ce sinistre lieu
Se couronne pour moi d'auréoles étranges ; —
Car tu dois être un ange, et le meilleur des anges,
Toi qui viens tous les jours dans ce cachot affreux,
Et qui, douce au milieu de ces murs ténébreux,
Jusqu'au pauvre captif qu'on voile et qu'on enchaîne,
Fais monter tant d'amour à travers tant de haine !
— Depuis un mois tu viens, et chaque jour, tu vois,
Je suis plus enivré que la première fois !

ALIX, s'avançant vers lui.

Ami !

LE MASQUE, sans se lever.

  Viens à présent, beau front que rien ne souille,
Viens que je te contemple et que je m'agenouille !

— Avant tout, jure-moi que tu viendras demain ! —
Ta main ! — Que je voudrais pouvoir baiser ta main !
Ton adorable main si jolie et si pure!

Il presse la main d'Alix sur sa poitrine.

Oh! le Seigneur a mis pourtant, je te le jure,
Sous ce masque une bouche, un cœur sous ce linceul.

Il se lève.

Je dois te faire peur, n'est-ce pas? J'étais seul
Tout à l'heure, attendant l'heure où ton Dieu t'envoie,
— Pardonne ! — j'ai maudit ce Dieu qui fait ma joie!
Il me semblait — vois-tu, je comptais les instants, —
Que le rayon de jour mettait bien plus de temps
Qu'à l'ordinaire encor pour gagner cette dalle. —
Et puis ce masque noir... cette voûte infernale... —
Quelqu'un qui m'aurait vu m'aurait pris pour un fou !
Mon esprit s'en allait chercher je ne sais où
Des rêves, des jardins, des champs pleins d'étincelles
Où volaient des essaims dont j'enviais les ailes;
Je pleurais, j'écoutais si j'entendrais tes pas;
Et je ris maintenant ! — Mais tu ne le vois pas.
— Tenez, vous êtes belle et charmante, madame.

Il la conduit au fauteuil.

Assieds-toi là. Causons. Si tout le jour, mon âme,
Je t'avais près de moi, même en ma sombre tour,
Tout le jour je rirais. Vous êtes mon amour !
— Vraiment j'avais besoin de te voir !

ALIX.

O misère !
Toutes les fois que j'entre ici, mon cœur se serre.
Pauvre infortuné !

LE MASQUE.

Non. Ne parle point ainsi.
Plus de tristes discours. Je suis heureux. Merci !
Je te vois. N'est-ce pas assez que je te voie ?
Je crains tout ce qui peut effaroucher la joie
Qui chante dans mon âme en t'entendant parler
Comme un oiseau qu'un bruit pourrait faire envoler !

ALIX.

Que je voudrais vous voir !

LE MASQUE, lui prenant la main

Ta main ! Je la réclame.

Alix, apercevant le soldat posté dans la galerie haute, se lève, court au geôlier qui est resté en observation sous la cheminée et lui montre le soldat avec inquiétude.

ALIX, bas au geôlier.

Cet homme?...

LE GEOLIER, l'interrompant, bas.

Il est à nous. Un des vôtres, madame.

LE MASQUE, ramenant Alix et la faisant rasseoir.

Pour s'en aller toujours je ne sais ce qu'elle a.
Je veux te regarder, je t'aime, reste là.

ALIX.

Il faut venir pourtant aux choses sérieuses.
Il est temps. Écoutez. Longtemps mystérieuses,
Mes visites avaient un but.

LE MASQUE.

Lequel?

ACTE II, SCÈNE II.

ALIX.
Je viens
Vous délivrer.

LE MASQUE.
O ciel!

ALIX.
Et j'en ai les moyens.

LE MASQUE, tombant à genoux.

O mon Dieu, vous avez exaucé ma prière!
La liberté! l'amour! c'est l'âme tout entière!
Ce sont les deux rayons, cachés pour les maudits,
Dont vous faites le jour de votre paradis!

Il se relève.

Libre! moi libre! — O ciel! — Éblouissante idée!

A Alix.

Mais comment feras-tu? La tour est bien gardée!
— Non! ne me le dis pas! Qu'importe? je te croi,
Tout doit être possible aux anges comme toi!
— Oh! sera-ce bientôt?

ALIX.
Je l'espère. — Oui, peut-être...

Elle va au geôlier et lui parle bas.

— A quand l'évasion?

LE GEOLIER, bas.

Pas encor.

ALIX, de même.

Mais quand, maître?

LES JUMEAUX.

LE GEOLIER, de même.

La cour est à Compiègne. On pourrait perdre tout.
Ce n'est pas le moment de faire un pareil coup.
Plus tard.

ALIX.

Vous m'aiderez?

LE GEOLIER, à part, après avoir protesté par un geste
de sa fidélité à Alix.

Comptes-y! Pas si bête!
La dame tous les jours, pour chaque tête-à-tête,
Me donne dix louis. J'en veux longtemps encor.
Bien sot qui tord le cou des poules aux œufs d'or!

ALIX, au Masque.

Vous me croyez à tort la fille de cet homme.
Non, je suis fille noble et Créqui. Je me nomme
Jeanne-Alix de Ponthieu. Je tiens aux Châteaupers,
Aux Guise, aux Rohan. J'ai des aïeux ducs et pairs,
Amiraux, maréchaux, connétables de France.

LE MASQUE, comme se parlant à lui-même.

Les miens sont grands aussi.

ALIX, avec joie.

Tant mieux!

LE MASQUE.

Hélas!

ALIX.

J'y pense,
Vous venez de parler de vos aïeux...

ACTE II, SCÈNE II.

LE MASQUE, comme réveillé de sa rêverie.

> Moi, non !

ALIX.

Vous m'aviez toujours dit ignorer votre nom.

LE MASQUE.

Je l'ignore en effet.

ALIX.

> Ne mentez pas !

LE MASQUE.

> Mon ange !

ALIX.

Je veux savoir...

LE MASQUE, l'interrompant.

> Non ! non ! L'enfer sur moi se venge
Ne me demande rien. Le jour où je suis né,
J'avais commis mon crime et j'étais condamné !
Ne me demande rien ! Ma famille est fatale,
Et rien qu'en t'en parlant je sens que je suis pâle !

ALIX.

Ce secret...

LE MASQUE.

> Est si lourd qu'il pourrait te briser !

ALIX.

Partageons-le !

LE MASQUE.

Jamais! On ne doit pas poser
De tels fardeaux sur ceux qu'on aime.

ALIX.

Cette voûte
Peut m'écraser. Je veux savoir ton nom!

LE MASQUE, se levant avec emportement.

Écoute.
Je ne le dirai pas! tu ne le sauras pas!
C'est pour me l'avoir dit, à l'oreille et tout bas,
Qu'un bon vieux serviteur est mort, et le martyre
Que je subis, c'est pour me l'être entendu dire!
Oh! pourquoi ce secret me fut-il révélé?
Je vivais, humble enfant, sous le ciel étoilé;
Je n'avais pas de nom, mais j'avais la nature,
La liberté, les champs, le soleil, la verdure,
J'avais Dieu dans les yeux, sur le front, dans le cœur!
Dès que ce noir secret comme une âcre liqueur
Fut versé dans mon âme, elle se remplit d'ombre.
On vit que je savais mon nom, car j'étais sombre!
Un soir, j'étais couché, des hommes sont venus;
Je me suis échappé dans la chambre pieds nus;
J'ai perdu connaissance. A mon réveil, à peine
Je me ressouvenais, mais j'avais une gêne
Sur la face... Soudain, passant près d'un miroir,
J'ai reculé d'horreur, je venais de me voir!
Et depuis ce jour-là j'habite les ténèbres.
Et depuis ce jour-là, poussant des cris funèbres,
Je redemande à Dieu le jour évanoui!

ACTE II, SCÈNE II.

Avec égarement.

Suis-je un homme? Ai-je un nom? Seul je peux dire oui,
Eh bien, je dis non!

A Alix.

Toi qui viens dans ma demeure,
Es-tu sûre d'avoir sous les yeux à cette heure
Autre chose qu'une ombre et qu'une vision?
Que vient-on me parler, à moi, d'évasion?
Vivants! laissez les morts dans leur sombre royaume!
Ce masque est mon visage et je suis un fantôme!
— Oh! je me meurs! de l'air! de l'air!

Il tombe évanoui sur le fauteuil.

ALIX, *le soutenant dans ses bras.*

Ce masque affreux
L'étouffe.

Au geôlier.

Ayez pitié du pauvre malheureux!

Montrant l'armature qui ferme le cadenas.

Ouvrez ce cadenas!

LE GEOLIER.

Peine de mort, madame!

ALIX.

Pour défaire un instant ce masque?

LE GEOLIER.

Oui.

ALIX.

C'est infâme!

LE GEOLIER.

Et puis, en ce moment, monsieur le gouverneur
Fait sa ronde ici près.

ALIX, fouillant dans la poche de sa jupe.

O Dieu ! j'ai par bonheur
Ma bourse.

Elle tire une bourse qu'elle présente au geôlier.

Vingt louis pour qu'il respire à l'aise
Un seul instant !

LE GEOLIER, prenant la bourse après quelque hésitation.

Allons.

Il prend une petite clef dans son trousseau et se dispose à l'introduire
dans le cadenas.

ALIX, se penchant sur le prisonnier toujours évanoui.

Oh ! ce masque me pèse
Plus qu'à lui. — Je vais donc le voir ! le délier !

Depuis quelques instants, le soldat posté dans la galerie paraît observer
avec plus d'attention la scène qui se passe au-dessous de lui. Au
moment où le geôlier met la clef dans le cadenas du masque, tandis
qu'Alix pleine de joie et d'anxiété soutient la tête du prisonnier dans
ses mains, le soldat se penche brusquement sur la balustrade de la
galerie et tire sur le prisonnier un coup de pistolet, qui vient briser
la glace posée sur la table à côté de lui. Au bruit du pistolet, tous se
retournent effarés et l'on entend ouvrir la porte de fer du cachot.

LE GEOLIER, se tournant vers le soldat.

Ah ! traître !

La porte s'ouvre. Paraît M. de la Ferté-Irlan, gouverneur du château
de Pierrefonds, accompagné de guichetiers et de soldats.

SCÈNE III

Les Mêmes, M. DE LA FERTÉ-IRLAN, Soldats, Guichetiers.

LE SOLDAT, du haut de la galerie, criant.

Alerte! à moi! Qu'on fouille le geôlier!

Sur un signe du gouverneur, les soldats entourent et fouillent le geôlier.

ALIX, à part.

Ciel!

LE SOLDAT, continuant.

Il a dans sa poche une bourse, une somme
De vingt louis... — comptez! — que pour démasquer l'hom[me]
Il a devant mes yeux de madame reçus.
Moi, j'avais ma consigne et j'ai tiré dessus.

Les soldats ont trouvé la bourse.

L'UN D'EUX, après avoir compté.

Vingt louis!

M. DE LA FERTÉ-IRLAN.

Une femme ici! que signifie?...

LE GEOLIER, atterré, bas à Alix.

Un homme à vous! voilà les gens où l'on se fie!

LE SOLDAT, au gouverneur, montrant Alix.

Je l'ai laissée entrer. Pour remplir mon devoir,
Je voulais tout entendre afin de tout savoir.

<small>Montrant le prisonnier.</small>

Mais, voyant qu'on allait démasquer son visage,
J'ai cru qu'il était mieux d'arrêter.

M. DE LA FERTÉ-IRLAN.

C'est fort sage.

<small>Il referme précipitamment le cadenas du masque, dont il met la clef dans sa poche ; puis il se tourne vers les soldats qui entourent le geôlier.</small>

Mettez l'homme au cachot ; laissez la femme ici,
Que nous l'interrogions.

LE SOLDAT, au gouverneur.

Je voudrais dire aussi
Deux mots à monseigneur en particulier.

<small>Il descend de la galerie. Les soldats entraînent le geôlier.</small>

LE GEOLIER, le menaçant du poing.

Traître !

<small>Le geôlier et ses gardes sortent.</small>

<small>M. de la Ferté-Irlan congédie d'un signe les autres guichetiers et se tourne vers le soldat qui est venu se placer près de lui sur le devant de la scène.</small>

M. DE LA FERTÉ-IRLAN.

Eh bien ?

LE SOLDAT, lui montrant la croisée de fer.

Veuillez aller jusqu'à cette fenêtre,
Monseigneur. —

<small>M. de la Ferté va à la croisée et en monte les marches.</small>

Secouez les barreaux du milieu.

<small>M. de la Ferté ébranle les barreaux que lui désigne le soldat, les barreaux se détachent sous l'effort et laissent un large espace libre.</small>

Qu'en dites-vous ?

ACTE II, SCÈNE III.

M. DE LA FERTÉ, *examinant les barreaux qui paraissent avoir été sciés avec soin, puis reposés artistement à leur place.*

Sans toi!...

LE SOLDAT, *allant à la fenêtre.*

Faites monter un peu
Le soldat dont on voit briller la hallebarde
Au pied de la tour, — là.

M. DE LA FERTÉ, *regardant.*

C'est le soldat de garde.

LE SOLDAT.

Sous cette croisée. Oui.

M. de la Ferté entr'ouvre la porte du cachot et donne un ordre à voix basse aux guichetiers qui sont restés au dehors, puis il revient vers le soldat qui est redescendu sur le devant de la scène.

M. DE LA FERTÉ.

Mon brave compagnon,
Le roi te doit beaucoup. Dis-moi, sais-tu le nom
De la femme?

LE SOLDAT.

Point.

M. DE LA FERTÉ.

C'est — un complot!

LE SOLDAT.

Je le pense.

M. DE LA FERTÉ.

J'aurai soin qu'on te paie et qu'on te récompense.

LE SOLDAT.

Ah ! voici le soldat.

Entre, au milieu des guichetiers, Tagus, habillé en soldat, avec le havre-sac sur le dos.

SCÈNE IV

Les Mêmes, TAGUS.

LE SOLDAT, à M. de la Ferté.

Permettez, monseigneur.

A Tagus.

Viens çà, maraud !

Tagus s'approche en jetant sur le soldat un regard de profond étonnement.

Devant monsieur le gouverneur,
Qu'on le fouille. Sur l'heure et sans miséricorde.
Il a dans son bissac une échelle de corde.

TAGUS, à qui la surprise paraît redoubler.

Je ne comprends pas.

On fouille le havre-sac de Tagus. On y trouve en effet une échelle de corde munie de ses crampons.

M. DE LA FERTÉ.

Oui !

LE SOLDAT, développant l'échelle, à M. de la Ferté.

S'il vous plaît un moment
L'essayer, vous verrez qu'elle a précisément
La hauteur de la tour depuis cette ouverture
Jusqu'en bas.

ACTE II, SCÈNE IV.

TAGUS.

Je comprends fort peu.

LE SOLDAT, se tournant vers Tagus, aux geôliers.

Mais d'aventure
Il pourrait s'échapper. Liez-moi ce gueux-là
Solidement.

Jusqu'à ce moment, le Masque a paru frappé de stupeur ; il tourne la tête comme promenant son regard autour de lui.

LE MASQUE, comme s'il parlait dans un rêve.

Grand Dieu ! Que veut dire cela ?

Les geôliers attachent les bras de Tagus derrière son dos. Il se laisse faire d'un air stupéfait.

M. DE LA FERTÉ, montrant Tagus.

Au cachot !

LE SOLDAT.

Monseigneur, permettez qu'il demeure.

A Tagus.

Tu seras pendu, drôle, avant qu'il soit une heure !

TAGUS.

C'est fort bien. Je comprends de moins en moins.

Sur un signe du gouverneur, les geôliers mènent dans un coin du cachot Tagus qui continue d'observer la scène avec anxiété. Alix est anéantie. Le Masque semble pétrifié.

M. DE LA FERTÉ, prenant le soldat à part, bas.

Mon cher,
On veut faire évader le prisonnier, c'est clair.

LE SOLDAT, bas.

Toute la garnison au complot est gagnée.
Son éminence hier, du péril renseignée,
M'a sur l'heure envoyé. Le danger est pressant.

Il tire de sa poche un papier plié qu'il donne à lire au gouverneur.

M. DE LA FERTÉ, lisant.

— « Vous pouvez vous fier au porteur du présent.
Mazarin. » — Il suffit. Que veux-tu que je fasse ?
Parle toi-même. Ordonne en mon nom.

ALIX, à part, levant les yeux au ciel.

O Dieu, grâce !

LE SOLDAT, aux guichetiers, à haute voix.

De par le roi, qu'on fasse à l'instant, pour raison,
Rentrer dans le château toute la garnison.
Qu'on ferme le donjon. Que nul ne se hasarde
A laisser au dehors un seul homme de garde.
Qu'on abaisse la herse et qu'on lève le pont.
Rapportez-nous les clefs. Votre tête en répond.

M. DE LA FERTÉ-IRLAN, aux guichetiers.

Vous entendez ? Allez.

Sortie des guichetiers.

LE SOLDAT, à M. de la Ferté.

La garnison, armée
Et nombreuse, doit être avec soin enfermée.
On pourrait cette nuit tenter un coup de main,
Et de force enlever le prisonnier. Demain
Nous aurons du renfort.

ACTE II, SCÈNE IV.

M. DE LA FERTÉ.

Tu crois?

LE SOLDAT.

Son éminence
Nous donne trente archers de sa propre ordonnance.
Vous les verrez céans paraître au point du jour.
En attendant, il faut que nous gardions la tour
A nous deux. Il nous reste à craindre plus d'un piège,
Et nous aurons peut-être à soutenir un siège.

M. DE LA FERTÉ.

Bien. Barricadons-nous ici, mon compagnon.

LE SOLDAT, montrant la porte de fer.

Cette porte est solide?

M. DE LA FERTÉ.

Il faudrait du canon
Pour l'enfoncer.

ALIX, à pa .

Hélas! plus d'espoir!

Rentrent les guichetiers avec des lanternes. La nuit est venue pendant cette scène.

UN GUICHETIER, présentant au gouverneur un trousseau de clefs.

Chaque porte
Est bien close. En voici les clefs.

M. DE LA FERTÉ, prenant le trousseau qu'il suspend à sa ceinture.

Que nul ne sorte.

LE GUICHETIER.

Ils sont tous enfermés.

M. DE LA FERTÉ, bas au soldat.

Que veux-tu faire après?
Gardons-nous ces gens-ci?

LE SOLDAT.

Non. Je m'en défierais.
Nous allons, s'il vous plaît, interroger ce drôle.

Il montre Tagus.

M. DE LA FERTÉ, aux guichetiers.

Sortez.

Les guichetiers obéissent. Le gouverneur va lui-même fermer la porte de fer, en pousse les verrous, puis revient vers le soldat.

Nous voilà seuls maintenant dans la geôle.
Nul n'y peut aborder. Nous voilà sûrs ainsi...

LE SOLDAT, montrant la plaque de la cheminée qui est restée ouverte depuis l'entrée d'Alix.

Ah! pardon. On pourrait nous prendre par ici.

M. DE LA FERTÉ, allant à la cheminée.

C'est juste. — Oui-dà, l'issue où pénétrait la dame.
Fermons-la.

LE SOLDAT, l'arrêtant.

Cette plaque est une épaisse lame,
Le geôlier seul connaît le secret de l'ouvrir.
Mais les mutins pourraient fort bien y recourir.

ACTE II, SCÈNE IV.

M. DE LA FERTÉ.

Où donne cette issue?

LE SOLDAT, regardant.

En une chambre sombre
Sans larmier, sans fenêtre, et dont je vois dans l'ombre
La porte ouverte.

M. DE LA FERTÉ.

Eh bien! va la fermer.

Le soldat obéit et disparaît par la plaque entre-bâillée. On entend un bruit de clefs et de serrures dans le caveau où donne cette ouverture, puis le soldat reparaît, deux clefs à la main.

LE SOLDAT, au gouverneur.

Les clefs
Étaient à la serrure.

M. DE LA FERTÉ.

Et les verrous?

LE SOLDAT, faisant le geste de pousser les verrous.

Bouclés!

M. DE LA FERTÉ.

Moi, je crains quelque trappe et quelque stratagème.
As-tu bien fermé tout?

LE SOLDAT.

Oui. Mais voyez vous-même.

M. DE LA FERTÉ.

Voyons.

Il pénètre par la petite ouverture dans le caveau noir.

ALIX, à part.

Tout est perdu.

Le soldat a marché derrière le gouverneur, le suivant de près, et au moment où M. de la Ferté disparaît dans le caveau voisin, le soldat ramène vivement la plaque de la cheminée qui se ferme avec bruit, puis arrachant sa perruque blanche et son bandeau noir, il se tourne vers Alix, Tagus et le Masque stupéfaits. C'est le comte Jean.

LE COMTE JEAN.

Tout est sauvé. C'est moi !
Le geôlier vous trompait et vous manquait de foi.
Cette nuit,

Au Masque.

vous dormiez,

Montrant Tagus.

avec lui, mon fidèle,
J'ai scié les barreaux, j'ai préparé l'échelle.
Maintenant tout est fait. Sous clef la garnison ;
Le gouverneur sous clef ; le geôlier en prison ;

Au Masque.

Et vous en liberté. — Partons.

Explosion de joie. Alix court au comte Jean et lui prend les mains qu'elle presse sur son cœur.

LE MASQUE, avec effusion, au comte Jean.

Dieu vous le rende !

TAGUS.

Ah ! je comprends !

ALIX.

Merci !

LE COMTE JEAN.

      Ma joie est aussi grande
Que la vôtre.

   ALIX, lui baisant les mains.

 Ami!

   LE COMTE JEAN.

     Mais hâtons-nous, c'est pressé.

Il coupe avec son poignard les cordes qui attachent Tagus, puis il ramasse l'échelle de corde qui est restée à terre.

L'échelle à la fenêtre!

Il court attacher aux barreaux de la croisée l'échelle de corde qu'il fait pendre au dehors.

 TAGUS, *prenant sur la table les clefs du cachot où est enfermé le gouverneur.*

    Et les clefs au fossé!

   Il jette les clefs par la fenêtre.

  LE MASQUE, au comte Jean.

Vite! ôtez-moi ce masque!

   LE COMTE JEAN.

     Ah! je vous en conjure,
Sortons d'abord d'ici. La nuit est très obscure.
Nous avons à marcher deux heures dans les bois.
Je ne vous l'ôterai que dans Plessis-les-Rois.
— En sûreté d'abord. — Avant tout, qu'on s'en aille!

  A Tagus qui est occupé à consolider l'échelle.

Les habits?

TAGUS.

Sont en bas.

LE COMTE JEAN.

Où ?

TAGUS.

Dans une broussaille.

LE COMTE JEAN.

Bien. Dépêchons.

On entend le gouverneur heurter violemment à la plaque de la cheminée.

— Oui, cogne !

ALIX, les yeux fixés avec joie sur le Masque.

Il est libre, ô bonheur !

LE COMTE JEAN.

Il tire de sa poche un portefeuille et un crayon, puis il écrit sur son genou :

— *Vous trouverez ici monsieur le gouverneur.* —

Cela fait, il arrache le feuillet et le fixe sur la plaque de la cheminée à l'un des clous à crochet rivés dans la fonte. Puis il va à la fenêtre et examine l'échelle.

A Tagus.

Est-ce solide ?

TAGUS.

Oh ! oui !

LE MASQUE, au comte Jean.

Le nom dont on vous nomme ?

LE COMTE JEAN.

Vous le saurez plus tard.

Le gouverneur continue à frapper sur la plaque.

Oui, cogne, mon bonhomme !

Il leur fait signe à tous de se diriger vers la fenêtre. — A Tagus.

Toi d'abord.

Montrant Alix.

Elle après.

Au Masque.

Puis vous. — Moi le dernier.

Tagus enjambe la fenêtre, pose le pied sur l'échelle, on le voit descendre, puis il disparaît. Alix monte à son tour, aidée par le comte Jean.

LE COMTE JEAN.

Dieu, garde Alix !

ALIX, descendant et à moitié disparue derrière la fenêtre.

Mon Dieu, sauvez le prisonnier !

Le Masque descend à son tour, et, au moment où le comte Jean met le pied sur l'échelle, la toile tombe.

ACTE TROISIÈME

Un salon magnifique et délabré ; riches tentures tombant en lambeaux. Architecture et meubles du temps de Henri IV. Vieux fauteuils dédorés à grands dossiers. De larges toiles d'araignées aux poutres peintes et sculptées du plafond. Deux grands portraits poudreux, l'un de Louis XIII, l'autre du cardinal de Richelieu, tous les deux en pied, se regardant. La tenture est bleue, semée d'H et de fleurs de lys d'or entremêlées des blasons de Créqui. Au fond, une grande porte surmontée du créquier sous couronne ducale. A droite, dans un pan coupé, une autre porte à deux battants. Au fond, une crédence à chicorée d'or marque l'angle du pan coupé opposé. A gauche, une fenêtre près de laquelle est un fauteuil. Aspect humide et sombre d'un appartement inhabité depuis longues années.

Au lever du rideau, la reine mère, le roi Louis XIV et le cardinal Mazarin sont en scène. La reine vêtue de noir avec des bandes de jais ; le cardinal sans camail, avec soutane, calotte et bas rouges, et le cordon bleu au cou. Le roi, tout jeune, vêtu de noir sous un magnifique habit de brocart d'or ; cordon bleu, chapeau à plumes blanches, épée à poignée de diamants, rabat et manchettes de dentelle.

Le roi est un bel adolescent, à petites moustaches. Le cardinal, pâle, toussant, brisé par la maladie, a l'air d'un vieillard, quoique en réalité il n'ait pas encore soixante ans.

Deux flambeaux à branches sont sur la table.

SCÈNE PREMIÈRE

LA REINE MÈRE, LE ROI, LE CARDINAL MAZARIN.

La reine debout appuie son index fléchi sur la table. Le Cardinal se tient derrière dans une attitude de respect. Le roi promène un regard presque étonné sur le délabrement du salon.

LE ROI.

Madame, vous nommez ceci Plessis-les-Rois ?

Il examine les fauteuils poudreux.

— Mais c'est inhabité depuis cent ans, je crois.

Revenant vers la reine.

Si votre majesté veut parler, je l'écoute.
Monsieur le Cardinal n'est pas de trop sans doute.

La reine approuve d'un signe de tête.

Vous nous avez conduits, je l'ai compris du moins,
Dans ce logis désert pour parler sans témoins.
Soit. On eût pu choisir une place meilleure ;
Mais je ne me plaindrai ni du lieu, ni de l'heure,
Ni qu'il faille arriver à ce charmant endroit
Par un long souterrain fort maussade et très froid.
J'écoute en fils soumis votre majesté.

ACTE III, SCÈNE I.

LA REINE.

Sire,
En effet, j'ai beaucoup de choses à vous dire.
Et d'abord le traité de Londre et de Paris,
Quoique secret, transpire et choque les esprits ;
L'empereur s'en étonne, et le roi catholique
Le trouve fort mauvais. Vous voyez, je m'explique.
A Gêne on vous escroque, et les gens de Tunis
Font main basse en Provence et ne sont pas punis.
Qu'on aime un roi chez lui, qu'au dehors on le craigne.
— Ne vous tourmentez pas de rentrer à Compiègne
S'il se fait tard.

Elle montre la porte à droite.

Il est une chambre à côté
Que j'ai dit qu'on tint prête à votre majesté. —
Je reprends. L'argent manque. On se ruine en fêtes.
Monsieur de Richelieu faisait couper des têtes,
Mais en grand politique, au jour, le front levé.

Elle montre le cardinal Mazarin.

Monsieur tue et se cache ; — et je sais maint pavé
Qu'on teint de sang dans l'ombre et que dans l'ombre on lave.
Le saint-père est fort vieux ; pour le cas d'un conclave,
Nulle brigue n'est prête avec les cardinaux.
Tout est pour les anglais ou pour les huguenots.
C'est honteux !... — Mais je veux m'expliquer sans colère.
Pour faire colonel un gibier de galère,

Montrant Mazarin.

— Un parent de monsieur, — un drôle, un aigrefin,
On a mécontenté le régiment dauphin.
Voilà trois jours qu'ils vont, tant leurs âmes sont lasses,

Aux barrières du Louvre avec les piques basses
Cela met tout Paris en émoi. C'est fort bien,
Vous êtes à Compiègne et vous n'en savez rien.
Moi je dis tout. Un feu couve dans les provinces ;
On n'a rien accordé de raisonnable aux princes,
Leur paix n'est que plâtrée, et je crains les éclats.
Les ducs sont indignés, les parlements sont las.
Jusque sur moi, monsieur, un bras de fer se dresse ;
Entre mes quatre murs je ne suis plus maîtresse.
On chasse mon valet de chambre, Boisthibaut.
Le pain est renchéri. Tout va mal en un mot.
On ne veut rien de grand, on ne fait rien de sage ;
A tous vos ennemis on montre bon visage ;
Et voilà comme on perd l'état. C'est évident.
Demandez à monsieur le premier président !

LE CARDINAL, bas au roi, avec un imperceptible haussement d'épaules.

Le sieur Mathieu Molé !

LA REINE.

            Je vous parais outrée ;
Mais consultez monsieur le maréchal d'Estrée ;
Madame de Targis, une femme d'honneur,
Et dont faisait grand cas le feu roi mon seigneur ;
Thou, l'homme le plus pur de ces temps difficiles !
Souvré ! le conseiller Ledeau !...

LE CARDINAL, bas au roi.

                         Des imbéciles !

LA REINE, au Cardinal

Que dites-vous tout bas ? Quels propos outrageants ?...

LE CARDINAL, saluant profondément la reine.

Je dis que ce sont là de fort honnêtes gens.

LA REINE, montrant Mazarin.

Mais, sire, chaque jour sur vous cet homme empiète !
Mais la France s'émeut ! l'Europe s'inquiète !
Mais le coadjuteur est un homme d'esprit !
Mais voyez ce qu'on dit ! voyez ce qu'on écrit !
Le duc de Beaufort...

LE CARDINAL.

        Retz et Beaufort ! deux rebelles..

LA REINE, au roi.

Lisez Maynard, Coffier, Guy-Joli...

LE CARDINAL.

                Des libelles !

LA REINE.

Pardieu, monsieur, silence ! et trêve à vos discours !
— On ne peut dire un mot et vous parlez toujours.

LE CARDINAL, s'inclinant jusqu'à terre.

Parlez.

LA REINE, avec violence.

Non, je me tais !

LE CARDINAL.

          Sire, puis-je répondre ?

LE ROI.

Faites.

LE CARDINAL.

Nous n'avons pas de traités avec Londre.
Gênes? Trois millions nous ont été rendus.
Tunis? En ce moment cent pirates pendus
Tremblent au vent de mer sur les côtes de France.
Les parlements? Foyers d'anarchique espérance!
Je conserve leurs droits; leurs arrêts sont caducs.
Quant aux prétentions des princes et des ducs,
J'y consens, parlons-en. Nous en verrons de belles.
Monsieur de Nevers veut en propre les gabelles
Du Rethelais. Beaufort désire en liberté
Lever des régiments chez votre majesté.
Même il promène un corps d'infanterie à Nantes
Qui marche flamme au vent et trompettes sonnantes.
Elbeuf pour son bâtard a rêvé seulement
Une duché-pairie et siège au parlement.
Le comte de Soissons, que votre pouvoir blesse,
Veut le droit de donner des lettres de noblesse.
Rohan a sur Thouars mis votre pavillon,
Mais au-dessous du sien. Pour monsieur de Bouillon,
Il réclame Sedan, et que le roi s'oblige
A réduire Turenne en simple hommage lige;
Plus pour les huguenots le droit de s'assembler.
Monsieur le prince est doux à nous faire trembler,
Et ne demande, après tant de guerres civiles,
Rien que votre pardon, avec deux ou trois villes.
D'Épernon veut Poitiers; d'Aiguillon veut Nogent;
Vendôme un rang à part et Conti de l'argent.

Tout dans l'arbre est gourmand, jusqu'aux branches cadettes.
Monsieur de Mercœur dit au roi : Payez mes dettes.
Puis Chabot fait revivre, avec un tas d'exploits,
Sa capitainerie au vieux château de Blois.
Enfin, pour ramasser jusqu'aux derniers langages,
Monsieur le chancelier veut qu'on double ses gages ;
Et ce bon duc d'Agen brigue pour tous profits
Un bâton pour son frère et l'ordre pour son fils.
Voilà.

Le roi se tourne gravement vers la reine.

LA REINE, au Cardinal.

Par Dieu, monsieur, vous triomphez sans peine.
Peuple, princes et ducs, Paris, Tunis et Gêne,
Rome qu'on laisse aller, Londres qui s'enhardit,
Tout ce que vous direz et tout ce que j'ai dit,
Cela m'est fort égal ; — mais j'ai la mort dans l'âme !
Mais ce que je déclare et ce que je proclame,
C'est qu'il est monstrueux qu'une fille de peu,
Une fille de rien, — votre nièce, pardieu ! —
Dont l'aïeul à Palerme était greffier, je pense,
Ose lever les yeux jusqu'à mon roi de France !
C'est qu'on ne vit jamais de pareilles horreurs !
C'est que soixante rois et quarante empereurs
Reçoivent de cet homme un soufflet sur la joue !
C'est qu'Autriche et Bourbon sont traînés dans la boue !
C'est qu'on me pilera sans que je dise oui !
C'est qu'il est odieux, impossible, inouï,
Que d'une Mancini vous fassiez votre femme !
C'est que je ne veux pas ! et qu'enfin c'est infâme !

LE ROI, blessé.

Madame...

LA REINE, à demi tournée vers Mazarin.

  O Dieu! cet homme! Oh! quels maux j'ai souffer
Pour son ambition il irait aux enfers!
Donc jusqu'au nid de l'aigle une vipère monte!
O Jésus! en songeant combien c'est une honte,
Que de fois j'ai passé les nuits à Saint-Germain,
Seule sur mon balcon, ma tête dans ma main!

LE ROI.

Madame...

LA REINE.

  Oh! ce sont là des scènes déplorables.
Ces mariages-là sont toujours misérables,
Croyez-moi, mon cher fils!

LE CARDINAL, avec une révérence.

      Je sais tout ce qu'on doit
A la reine, et me tais. Quoique ma nièce soit
Une fille de race et dont le sang, en somme,
A d'illustres reflets de la pourpre de Rome,
Je dis comme madame à mon roi généreux :
Ces mariages-là sont parfois malheureux.
On les fait quelquefois pourtant, — par convenance, —

Il se tourne vers la reine et s'incline profondément.

Sa majesté le peut savoir.

LA REINE.

     Votre éminence
En a menti! — Pardon, sire, il me pousse à bout.
J'ai tort et j'ai raison, c'est l'histoire de tout. —

Mon Dieu! j'aimerais mieux Richelieu! Votre père
Me faisait respecter. Cet homme m'exaspère!
Je ne suis qu'une femme et je ne connais rien
Aux affaires d'état,

    A Mazarin.

      et vous le savez bien.

Au roi.

Mais je suis reine, on m'a manqué; mais je suis mère,
On me prend votre cœur, mon fils, ô peine amère!

Elle s'interrompt, sa voix est altérée par des larmes qu'elle ne laisse pas couler.

Vous n'épouserez point cette fille sans nom
Et qui fait les yeux doux à monsieur d'Épernon!
N'est-ce pas?

Elle s'assied, attire le roi près d'elle et l'entoure de ses bras.

    Venez là.

    Montrant Mazarin impassible.

      C'est une âme bien noire.
Vous avez trop bon cœur. Ayez de la mémoire.
Quand vous étiez petit, comme il était méchant!
Vous souvient-il? Quinteux, pour un mot se fâchant,
Avare, il vous laissait, en plein mois de décembre,
Sans draps dans votre lit, sans feu dans votre chambre.
On m'en faisait, à moi, des reproches sanglants.
Un jour il vous donna pour aller à Conflans
Un carrosse si vieux que le peuple en eut honte.
Comme il voulait régner et ne rendre aucun compte,
Il avait défendu, sire, qu'on vous apprît
Les choses qui pouvaient agrandir votre esprit.
Même il ne voulait pas qu'on vous montrât l'histoire.

Il emplissait Paris d'une guerre sans gloire,
D'une guerre civile, impie et sans pitié,
Qui vous forçait à fuir, pauvre enfant effrayé !
Votre peuple souffrait. — Il le pille ! il l'affame !
Il doit vous souvenir de cette pauvre femme
Qui se mourait de faim sur le pont de Melun.
Il se prétendait prince et duc, n'étant ni l'un
Ni l'autre. Il vous prenait d'une manière vile
L'argent que vous donnait monsieur de la Vieuville.
La nuit vous dormiez mal, le sentant près de nous.
Puis jusqu'à s'égaler par le cortège à vous
Ses vanités s'étaient follement échappées.
Quand il rentrait, suivi d'un cliquetis d'épées,
Vous vous le rappelez ? ce tumulte insolent
Vous réveillait dans l'ombre en sursaut tout tremblant,
Vous, le roi, vous son roi, vous chef de votre race !
Et vous disiez : Il fait bien du bruit quand il passe !

Elle embrasse le roi qui paraît supporter ses caresses avec quelque impatience et dont le regard ne quitte pas le Cardinal, comme pour lui demander inspiration et conseil.

— Enfin vous êtes roi, monsieur ! Il faut songer
Qu'en France on n'aime pas le joug d'un étranger.
Il est italien.

LE ROI.

Vous êtes espagnole.

LA REINE, *relevant la tête et essuyant une larme.*

Je vous pardonne, enfant, cette dure parole
Qui sort de votre bouche et qui vient de son cœur.

Jetant un coup d'œil indigné sur Mazarin.

Il est là, qui sourit comme un démon moqueur !

Elle laisse tomber sa tête dans ses mains et pleure.

Oh!...

Le Cardinal, tout en jouant avec la grosse montre qu'il porte sous sa soutane, la fait sonner comme par mégarde.

LE ROI, *froidement à la reine.*

Madame, il est tard.

LA REINE.

C'est vrai, la chambre est prête.
Eh bien, rentrons. Venez, et nous vous ferons fête.
Mes femmes serviront le roi.

Se tournant vers le Cardinal.

Ce sont mes droits.

Attirant le roi dans ses genoux.

Mon bon petit Louis, tu sais, comme autrefois!...

LE ROI.

Non, je rentre au château. J'entends minuit qui sonne.
Monsieur de Villequier répond de ma personne;
Et je baise les mains de votre majesté.

A Mazarin.

Venez, monsieur.

LA REINE, *l'œil fixé à terre, sans regarder le roi.*

Hélas!

Mazarin s'approche de la table et y prend un flambeau. En même temps il se penche à l'oreille de la reine.

LE CARDINAL, *bas à la reine.*

En toute liberté
Nous nous expliquerons. Je reviens tout à l'heure.

Le roi baise la main de la reine, la salue profondément et sort, précédé du Cardinal, qui porte le flambeau devant lui.

SCÈNE II

LA REINE seule, puis DAME CLAUDE.

LA REINE.

Plutôt que de l'attendre, infâme, que je meure !
Il viendrait me narguer, le traître ! — En vérité !

Elle sonne. Une de ses femmes, dame Claude, paraît à la porte du pan coupé à droite.

— Claude, mon lit est prêt ?

DAME CLAUDE, *désignant la chambre d'où elle sort.*

Oui, madame, à côté.

LA REINE, *sur le devant du théâtre, rêvant.*

Le roi n'est plus mon fils. La cour est mazarine.
Cet homme me mettrait le pied sur la poitrine
Que mon fils en rirait !... — Mes amis sont exclus. —

Silence et rêverie profonde.

Si Monsieur seulement avait deux ans de plus !

Rêverie plus profonde encore.

Ou bien... — si... —

Relevant la tête.

Ce sont là d'effrayantes pensées.

Elle entre dans la chambre voisine, précédée de dame Claude qui a pris le flambeau resté sur la table.

Moment de silence. La chambre est redevenue déserte et obscure. Tout à coup, dans le pan coupé à gauche, un panneau de boiserie, pareil du reste à tous les autres, tourne sur lui-même et laisse voir une entrée qu'il masquait. Cette entrée paraît donner sur un petit escalier à vis. On voit monter un homme vêtu de couleur sombre, enveloppé d'un manteau, une lanterne sourde à la main. C'est le comte Jean. — Il entre laissant le panneau ouvert derrière lui.

SCÈNE III

LE COMTE JEAN, puis LE MASQUE et ALIX.

LE COMTE JEAN.

Nous y voici.

Il promène son regard autour de lui.

Dix ans ! que de choses passées !
Que de pleurs j'ai versés dans cette chambre en deuil !
Encor la même table et le même fauteuil !
Dix ans sont écoulés ! dix siècles ! — Pauvre femme ! —
O murs ! excepté vous, nul ne connaît mon âme.
On est seul ici-bas à savoir le secret
Du mal qu'on a souffert et du mal qu'on a fait ! —
Mais je n'ai pas le temps de pleurer sur moi-même.
Hâtons-nous.

Il se retourne vers le panneau entr'ouvert et se penche sur l'escalier obscur.

C'est ici. Montez.

Paraît le Masque enveloppé d'un grand manteau et coiffé d'un large chapeau rabattu, accompagné d'Alix.

LE MASQUE, *jetant à terre manteau et chapeau.*

Alix ! Je t'aime !
Je suis libre ! A présent le monde est à nous deux !

Au comte Jean.

Oh ! faites-moi sortir de ce masque hideux !

LE COMTE JEAN.

Sur-le-champ.

Il fait signe au Masque de s'asseoir, puis il tire une lime du havre-sac et se met à limer le cadenas du masque.

LE MASQUE.

Enfin!—Mais—où sommes-nous?

LE COMTE JEAN.

Nous som[mes]
Sous la garde des morts, près de Dieu, loin des homme[s]
Une ombre amie et sainte ici veille sur nous.
Un vieux soldat vous guide.

Montrant Alix qui en entrant s'est agenouillée en silence sur un prie-Dieu dans le coin du théâtre.

Un ange est à genoux.
Ne craignez rien.

LE MASQUE.

Merci!

LE COMTE JEAN.

Demain vers la frontière
Nous fuirons En deux jours nous serons à Mézière.
Nos amis vont s'armer. En attendant, sans bruit,
Dans ce château désert il faut passer la nuit.

Tout en parlant, il a achevé de limer la serrure du masque, qui cède et s'ouvre enfin.

Voilà.

Il ôte le masque au prisonnier et le pose sur un guéridon dan[s] l'angle du salon.

Au moment où il est délivré du masque, le prisonnier reste un moment comme éperdu de bonheur, et semble respirer à l'aise avec une joie immense. — C'est un beau jeune homme d'environ seize ans

LE PRISONNIER.

Dieu!

ACTE III, SCÈNE III.

ALIX, le contemplant.

Qu'il est beau ! Plus encor que mon rêve !

LE PRISONNIER.

L'ombre qui me couvrait, l'ombre affreuse se lève !
Ma tête se redresse et plonge avec fierté
Dans l'air, dans la lumière et dans la liberté !
Tout brille ! Je voudrais tout saisir au passage.
Alix ! Alix ! on voit avec tout le visage !
De l'air ! de l'air partout ! De l'air dans les cheveux !
Je puis baiser ta main et je vais où je veux !
C'est donc moi ? c'est donc vrai ? Que cette nuit est pure
Ton sourire m'enivre, et toute la nature
Parle en foule à la fois à tous mes sens ravis !
Je regarde ! j'entends ! je respire ! je vis !
Alix ! je sors enfin de la nuée obscure.
Regarde-moi ! — Je sens que je me transfigure !

LE COMTE JEAN, qui n'a pas quitté le prisonnier du regard et qui
paraît plongé dans une profonde rêverie.

Étrange ressemblance !

LE PRISONNIER, allant à la fenêtre et l'ouvrant avec impétuosité.

Oh ! le ciel étoilé !
— Oui, j'étais mort ! — Pour moi le monde est dévoilé.
Ce masque était l'enfer ! — Viens donc à la fenêtre !

Il attire Alix près de la croisée.

Que ces arbres sont beaux ! tout rit ! tout me pénètre !
Comme la brise est douce !... — Oh ! mais c'est étonnant !

ALIX.

Pauvre ami !

LE COMTE JEAN, pensif.

Je comprends le masque maintenant.

LE PRISONNIER, enivré.

Mon Alix, nous fuirons! — oui, nous fuirons ensemble
Dans quelque heureuse terre où jamais on ne tremble,
Et nous aurons à nous la nature de Dieu!
Les astres brilleront — ainsi — dans le ciel bleu;
Les bois, comme à présent, salueront de la tête
Et nous accueilleront avec un bruit de fête;
Nous boirons cet air pur qui rafraîchit le sang,
Et nous nous aimerons... —

Il tombe à genoux tenant Alix embrassée.

Merci, Dieu tout-puissant!

LE COMTE JEAN, au prisonnier.

Le temps presse. Le soin du départ nous réclame.

A Alix.

Venez, vous qui savez où sont les clefs, madame,
Rejoignons vite en bas Tagus qui nous attend.

Au prisonnier.

Nous reviendrons vous prendre ici.

*Il sort avec Alix par le panneau qui se referme sur eux.
Resté seul, le prisonnier fixe ses yeux sur le ciel avec extase.*

LE PRISONNIER.

Ciel éclatant!
Demain je marcherai fièrement sous ta voûte.
Je serai comme un autre, et j'irai sur la route
Comme tous ceux qui vont librement, sans penser
Qu'un prisonnier parfois les regarde passer!

— O bonheur !

Bruit de pas dans la galerie au fond. Il se retourne effrayé.

Mais j'entends marcher.

Il va à la porte du fond et regarde.

Non, rien ne bouge.

Une lueur paraît dans la galerie. Il y fixe son regard avec terreur.

Quel est cet homme pâle avec un linceul rouge ?
— Ils sont deux. — L'autre est noir. — Ils viennent par ici !
Où fuir ?

Il court à la porte par où il est entré et cherche inutilement à l'ouvrir.

Cette porte ? — Oh ! — fermée !

Il court à la porte de droite. Elle résiste également.

Et l'autre aussi !

Il va se cacher derrière le paravent qu'il replie et referme sur lui.

Juste ciel !

Entre le Cardinal, accompagné de Chandenier, capitaine de ses gendarmes. Chandenier porte un grand portefeuille fermé, d'une main, et, de l'autre, un flambeau à branches. — Le Cardinal, pâle, malade, toussant par intervalles et portant la main à sa poitrine, s'appuie sur le bras de Chandenier. Il jette un coup d'œil dans le salon et paraît surpris de n'y trouver personne.

SCÈNE IV

LE CARDINAL, CHANDENIER,
LE PRISONNIER, caché.

LE CARDINAL.

Personne ! — Ah ! —

A Chandenier.

Céans je me hasarde ;

22.

Pose autour du château cent hommes de ma garde.

LE PRISONNIER, entr'ouvrant le paravent.

Quels sont ces deux démons? Grand Dieu ! je suis perdu

LE CARDINAL.

Allons ! Sa majesté ne m'a pas attendu.

CHANDENIER.

Elle est irritée ?

LE CARDINAL.

    Ah! pourquoi s'en mettre en peine?
Mon cher, c'étaient jadis des colères de reine,
Ce ne sont que des cris de femme maintenant.
— Reste dans le couloir avec ton lieutenant. —
Je puis jusqu'au matin ici, sans trop de gêne,
Attendre en travaillant le réveil de la reine.
Il faut que je lui parle absolument. — C'est bien.
Pose tout sur la table.

Chandenier pose le flambeau et le portefeuille sur la table.

     Ah! pour n'oublier rien,
Laisse-moi ton poignard.

Chandenier ôte le poignard de sa ceinture et obéit, puis il sort sur un signe du Cardinal.

LE CARDINAL, jouant avec le poignard et en essayant la pointe sur le bout de son doigt.

     Qui sait ? Prudence est mère
De sûreté.

Il pose le poignard sur la table.

LE PRISONNIER, qui a tout observé avec terreur, refermant
le paravent.

Mon Dieu! sauvez-moi!

Dès que Chandenier a disparu, le Cardinal prend une petite clef à sa ceinture et ouvre le portefeuille, dont le couvercle, garni d'une glace intérieurement, fait miroir en se renversant. Le portefeuille ainsi ouvert fait pupitre. Dans un coin est une écritoire, dans l'autre un pot de rouge avec ses accessoires. Une carte sort à demi du portefeuille. Le Cardinal la déroule, l'examine quelques instants, c'est une carte d'Europe; puis il se redresse en toussant.

LE CARDINAL, rêvant.

La chimère
C'est la santé. J'ai tout, pouvoir, richesse, honneurs,
Tout, excepté la vie! Et je sens que je meurs.

Jouant avec le poignard.

Comme j'étais heureux quand j'étais mousquetaire!
Quand j'avais vingt-cinq ans!

Il se lève et se regarde dans la glace.

Je fais peur.

Il met du rouge, — puis il se regarde un moment et retombe dans
sa rêverie.

Comment faire
Ce mariage? Il va manquer! Tous ces affronts
Rebuteront le roi. — Eh bien! nous en prendrons
Un autre. — Charles deux, prétendant d'Angleterre; —
Ou l'infant que me fait offrir par le saint-père
Jean, roi de Portugal et seigneur de la mer; —
Ou Conti... — Nous verrons. — Ce serait bien amer! —
N'importe! je suis maître et sur moi tout repose!

Mettant la main sur sa poitrine.

— Je souffre!

Il tousse.

Travaillons! Faire une grande chose
C'est oublier qu'on doit mourir.

Il déroule la carte et y promène son regard avec une attention profonde.

Plus de revers!
La France en se calmant a calmé l'univers.

Il se penche sur la carte, puis relève la tête.

L'épée est insolente et la robe est jalouse,
Mais j'ai tout subjugué. Bordeaux, Rennes, Toulouse,
— Paris! — le grand Paris! l'hydre! — Plus de fureur!
Plus de combats!

Il déploie une lettre.

Voyons ce qu'offre l'empereur.

Parcourant la lettre.

Bien. Il veut étouffer aussi toute étincelle,
Il cède.

Promenant ses yeux sur la carte.

En attendant Besançon et Bruxelle,
Prenons Brisach, l'Alsace et les Trois-Évêchés.
Plus tard j'achèverai mes plans encor cachés.
La France doit aller du Rhin aux Pyrénées.
Paris qu'on peut atteindre en deux ou trois journées
Est presque à la frontière. Il doit être au milieu.
J'y parviendrai sans bruit, sans guerre.

Il lève la tête vers le portrait du cardinal de Richelieu.

O Richelieu!
Nous aurons accompli chacun une œuvre immense;
Il a construit le roi, moi je bâtis la France.

ACTE III, SCÈNE IV.

Promenant ses yeux sur la carte.

Mais ce n'est rien encor.

Il se lève.

Mon édifice, à moi,
Plus vaste qu'un royaume et plus complet qu'un roi,
Le rêve qui brûla tant de nuits ma paupière,
L'ébauche où j'ai porté mes travaux pierre à pierre,
Que Dieu fit, même avant de pétrir nos limons,
Avec des caps, des mers, des fleuves et des monts,
Qu'après Philippe deux Richelieu m'a laissée,
Et que j'ai terminée avec une pensée,
L'œuvre qu'enfin j'achève et qui subit ma loi,
C'est toi que je crois voir pendre au-dessus de moi,
Toi qui t'ouvres dans l'ombre à ma vue effrayée,
Europe, voûte énorme à la France appuyée!

Revenant à la carte.

L'Allemagne pâlit de moments en moments;
L'Espagne s'amoindrit de ses accroissements;
Le traité de Munster rend la France maîtresse.
Le lion se fait chat, l'empereur nous caresse.
Le Nord ne fléchit plus qu'à demi les genoux
Devant le Saint-Empire et se tourne vers nous;
Seul l'électeur de Trêve hésite pour se rendre
A mes plans. — Il est prêtre et vieux. Comment le prendre?
Pardieu! par la maison des Deux-Ponts dont il est.

Rêvant.

Changer l'ambassadeur. — Gagner quelque valet. —
Le sultan a douze ans, et son empire tombe.
Chaque état a son roc qui sur son front surplombe,
Copenhague a Stockholm, Varsovie a Moscou.

J'ai brisé les suédois. Je tiens par le licou
Le grand-duc moscovite, et, pour toute croisade,
Je le laisse envoyer au doge une ambassade.
Je veille sur Turin, anneau qui souvent rompt.
— Farnèse, Gonzague, Est, maisons qui s'éteindront ! —
A Parme le vieux duc mourra de mort soudaine ;
Une duègne à Mantoue, un enfant à Modène ;
J'y suis maître déjà, sans fracas, sans émoi.
Les républiques sont à des doges à moi.
Je tiens, car des Brutus la vertu s'humanise,
Gênes par Paoli, par Cornaro Venise.
— Bon pays ! — le poignard, mais jamais l'échafaud.
— Quant aux petits états populaires, il faut
Laisser comme hochet, malgré les diplomates,
Lubeck aux allemands et Raguse aux dalmates.
Donc, tout marche à mon but, tout va bien, tout est sûr.

Rêvant.

A peine deux points noirs dans ce beau ciel d'azur.
C'est Madrid qui conspire et Londres qui résiste ;
C'est Cromwell, heureux fou ; Philippe, idiot triste.
— Mais bah !

Retombant sur la carte.

Rome !...

Rêvant.

O cité que les ans font courber,
Qui parle sans comprendre et penche sans tomber,
Si bien qu'en la voyant la pensée indécise
De la tour de Babel flotte à la tour de Pise !

Relevant la tête.

— Expliquons d'une part, et de l'autre étayons !

ACTE III, SCÈNE IV.

Hors d'Europe, la France a d'immenses rayons.
La France partout veille. Heureuse, forte, armée,
Elle éteint en passant toute guerre allumée.
Le sophi voulait prendre avec le Kurdistan
Candahar au mogol, Babylone au sultan;
Nous l'avons arrêté. Pour la vente et l'échange
Déjà nous remplaçons, du Tigre jusqu'au Gange,
Marchands arméniens et marchands esclavons.
Partout nous devenons les maîtres; nous avons
Dans l'Inde des soldats, en Chine des jésuites.
Nos machines de guerre en tous lieux sont construites;
Sûr moyen de régner sans lutter. — Je suis vieux,
Tout brisé par les ans, mes pires envieux;
Je vois déjà, dans l'ombre où pas à pas je tombe,
Quelque chose d'ouvert qui ressemble à la tombe.
Eh bien, si l'heure sombre est tout proche en effet,
Quand Dieu dans mon cercueil me criera : Qu'as-tu fait ?
Je pourrai dire : O Dieu, l'onde a battu ma tête;
Quand je suis arrivé, tout n'était que tempête;
L'esprit des temps nouveaux, l'esprit du temps ancien,
Luttaient; c'était terrible, et vous le savez bien !
Louis onze a livré la première bataille;
François premier, venu pour élargir l'entaille,
Est mort à l'œuvre avant que le géant tombât;
Richelieu n'a pas vu la fin du grand combat;
Tous ces hommes, suivant leur loi haute et profonde,
Ont fait la guerre. — Moi, j'ai fait la paix du monde !

Se levant.

La paix du monde ! — oh ! oui ! spectable éblouissant
Dans ce travail sacré chaque jour avançant,
Je vais. Le roi de France est mon outil sublime.

J'ai fini maintenant et je suis sur la cime!
Plus d'écueil! plus d'obstacle!

. . . .
. . . .

NOTES

NOTES

DE

AMY ROBSART

I

Amy Robsart a été représentée le 13 février 1828, sur le théâtre de l'Odéon, sous la direction de M. Sauvage.

Voici quelle était la distribution du drame :

LE COMTE DE LEICESTER.......	MM. LOCKROY.
RICHARD VARNEY...............	PROVOST.
ALASCO.......................	THÉNARD.
SIR HUGH ROBSART.............	AUGUSTE.
FLIBBERTIGIBBET..............	DOLIGNY.
LE COMTE DE SUSSEX...........	PAUL.
FOSTER.......................	MÉNÉTRIER.
ÉLISABETH, reine d'Angleterre...	Mmes CHARTON.
AMY ROBSART..................	ANAÏS AUBERT.
JEANNETTE....................	DORGEBRAY.

II

Sur le nom de l'auteur, on lit dans *Victor Hugo raconté :*

« ...Il était convenu que le nom de M. Victor Hugo ne serait pas prononcé ; mais, quelques phrases ou quelques indiscrétions le trahirent, et le directeur, enchanté, s'empressa de répandre le bruit que le drame était de l'auteur de *Cromwell*. M. Victor Hugo eut beau s'y opposer, le directeur, voyant dans le nom une attraction, continua à le crier sur les toits.

« La pièce fut extrêmement sifflée. M. Victor Hugo, qui voulait bien donner le succès, ne voulut pas donner la chute... »

Il n'était pourtant ni juste ni sage que, pour avoir voulu faire acte d'obligeance, Victor Hugo compromît les vraies grandes batailles qu'il avait à livrer, *Hernani*, *Marion de Lorme*. Mais, sans se déclarer l'auteur de la pièce, il se déclara bravement l'auteur des passages sifflés, dans la lettre suivante, adressée aux journaux :

« Paris, le 14 février 1828.

« Monsieur le rédacteur,

« Puisque la réussite d'*Amy Robsart*, début d'un jeune poëte dont les succès me sont plus chers que les miens, a éprouvé une si vive opposition, je m'empresse de déclarer que je ne suis pas absolument étranger à cet ouvrage. Il y a dans ce drame quelques mots, quelques fragments de scènes qui sont de moi, et je dois dire que ce sont peut-être ces passages qui ont été le plus sifflés.

« Je vous prie, monsieur, de publier cette réclamation dans votre numéro de demain, et d'agréer, etc.

« Victor Hugo.

« P. S. — L'auteur a retiré sa pièce. »

III

La représentation d'*Amy Robsart* fut une chute. Provost ne parvint pas, au milieu des sifflets, à faire entendre le nom de l'auteur.

Ce n'était cependant pas la pièce elle-même qui, au dire d'un témoin oculaire, avait provoqué la plus forte résistance. La scène du second acte entre Élisabeth et Varney et le revirement qui suit, l'apostrophe de la reine à l'épée, la grande péripétie qui termine le quatrième acte, le rôle touchant d'Amy, le rôle alerte de Flibbertigibbet, l'angoisse de la trappe ouverte, ce qui est le drame enfin, avait plus d'une fois saisi le public malgré lui et laissé place aux applaudissements de la jeunesse. Ce qui avait égayé et choqué au plus haut degré les spectateurs d'alors, c'étaient les mots. Il faut se rappeler qu'*Amy Robsart* a été jouée un an juste avant *Henri III*, vingt mois avant la représentation d'*Othello* où le seul mot *mouchoir* fit sombrer Shakespeare. Les mots *potion, baraque, cuisine, vieux spectre, apothicaire du diable*, et bien d'autres, soulevèrent des tempêtes de rires et de huées. La phrase : *La brebis est tombée dans la fosse au loup*, porta le dernier coup au drame, qui s'acheva au milieu d'un vacarme indescriptible.

En 1828, les « classiques » étaient encore en force. *La Pandore*, journal des spectacles du temps, peu favorable au drame, parle ainsi du public :

« ... Avant le lever du rideau, des sifflets nombreux s'étaient fait entendre. L'assemblée était tumultueuse. Les dispositions amies d'une portion du parterre se manifestaient sur certains bancs par un grand calme, avec lequel contrastait vivement la turbulence des partisans de l'ancien genre dramatique...

« Pendant que d'un côté on était disposé à prendre tout au grave, de l'autre on semblait s'être promis de se moquer de tout. Les amis de l'auteur ont été d'une grande discrétion... »

La pièce, retirée dès le lendemain, n'eut qu'une seule représentation.

IV

Eugène Delacroix dessina les costumes d'*Amy Robsart*. Sur sa demande, Victor Hugo lui envoyait les indications que voici :

Élisabeth, reine d'Angleterre. Magnifique habit de cour, petite couronne royale.

Leicester. Riche costume de satin blanc broché en or. Manteau de velours, écarlate ou noir, avec l'étoile de la Jarretière, les colliers de Saint-André, de la Toison d'or, de la Jarretière. Chapeau à haute forme et à bord étroit, plume blanche ; gants de diamant. Au premier acte, il entre couvert de la tête aux pieds d'un long manteau brun.

Amy Robsart. Robe blanche simple, sur laquelle,

au troisième acte, elle passe une riche robe de velours violet, richement brodée.

Varney. En noir, vêtement collant de la tête aux pieds, manteau court, petite épée. Toque avec une fine plume de coq.

Alasco, alchimiste.

Flibbertigibbet, diable couleur de feu, cheveux rouges, vêtement collant.

Sir Hugh Robsart, vieux gentilhomme en deuil.

Sussex, habit militaire.

Lord Shrewsbury, comte-maréchal d'Angleterre.

Lord Hunsdon, capitaine des gentilshommes pensionnaires.

Jeannette, jeune fille puritaine.

Quatre pages de la reine.

Tony Foster, concierge du château; pourpoint et chausses de velours rouge, bas jaunes.

Un huissier de la chambre.

Gardes, pertuisaniers, mousquetaires, etc.

... Voilà les personnages, avec les pauvres indications que mon esprit ose présenter au vôtre.

C'est vous qui donnerez le caractère à la pièce et, si *Amy Robsart* réussit, mon frère Paul vous le devra.

Présentez bien toutes mes admirations à Sardanapale, à Faliéro, à l'évêque de Liège, à Faust, à tout votre cortège enfin.

Victor.

Victor Hugo en envoyant les dessins de Delacroix au directeur de l'Odéon, lui écrit :

J'ai l'honneur d'envoyer à monsieur Sauvage la

majeure partie des costumes, que je reçois à l'instant de Delacroix.

Ils me paraissent d'un caractère admirable; ce n'est point là l'élégance de touche mignarde d'un peintre vulgaire, c'est le trait hardi et sûr d'un homme de génie. Ils sont, en outre, d'une rare exactitude, ce qui en rehausse encore la rare poésie.

Je suis convaincu que le goût intelligent de monsieur Sauvage se joindra à moi pour faire en sorte que les acteurs et les costumiers altèrent le moins possible ces belles indications.

Son bien cordialement dévoué,

Victor H.

Ce 6 octobre.

NOTES

DES

JUMEAUX

I

Les Jumeaux étaient primitivement intitulés LE COMTE JEAN.

Le manuscrit porte sur la première page du premier acte la date : 26 *juillet* 1839.

Le premier acte a été terminé le 8 août.

Le deuxième acte, commencé le 10 août, a été terminé le 15.

Le troisième acte a été commencé le 17 août. Sur la dernière page, cette mention : *Interrompu le 23 août par maladie.*

II

Dans la scène du premier acte, entre le lieutenant de police Trévoux et le faux Guillot-Gorju, les développements suivants ont été biffés sur le manuscrit :

. . . .

L'HOMME.

Vous êtes lieutenant de police et de ville.
Moi, je suis accepté par tous les bons esprits
Pour le plus grand voleur qu'on ait dans tout Paris,
Et vous m'arrêtez !

MAITRE TRÉVOUX.

Bah ! voyez donc la merveille !

L'HOMME.

Vraiment ! je ne sais plus si je dors, si je veille !
Je ne suis pas compris. C'est fort dur, c'est cruel.
— Qu'on soit larron, qu'on soit lieutenant criminel,
Il faut, dans son esprit lors même qu'on se fie,
Mettre dans ce qu'on fait quelque philosophie.
Or, savez-vous, monsieur, si le sort ne m'a pas
A l'état que j'exerce élevé pas à pas ?
Écoutez. Je suis né d'humeur vive et féconde,
J'ai fait tous les métiers que peut faire homme au monde ;
J'ai tour à tour été, sans but et sans dessein,
Capitaine, docteur, financier, médecin ;
Je me suis fait prêcheur voulant sauver des âmes,
Je me suis fait abbé voulant perdre des femmes.
Maintenant que de tout je connais la valeur,
Je suis Guillot-Gorju, bateleur et voleur.

MAITRE TRÉVOUX.

Belle fin !

L'HOMME.

Double port cherché par bien des sages !
Double masque formé de mes anciens visages !

. . . .

L'HOMME.

Que voilà des propos qui sont extravagants !
Mais, monsieur, ce sont là des doctrines usées,
C'est vieux ! Vous vous payez de raisons mal pesées.
La mort d'un grand voleur, monsieur, sans vanité,
Laisse un vide effrayant dans la société.

MAITRE TRÉVOUX.

Ah çà, maraud !...

L'HOMME.

     Monsieur, il faut au moins m'entendre.
Que voulez-vous me faire enfin ?

MAITRE TRÉVOUX.

       Te faire pendre.

L'HOMME.

Soit, j'y consens, j'admets cela pour en finir.
Bien. Me voilà pendu. Qu'allez-vous devenir ?
Commençons par la cour. L'ennui partout pénètre,
Il faut, vous le savez, faire rire le maître.
Comment les courtisans s'y prendront-ils sans moi
Pour faire à volonté la bonne humeur du roi ? —
Si je vous sers !... Exemple : on veut, en homme habile,
Faire un gendre qu'on a gouverneur d'une ville.
Or, le Guillot-Gorju la veille a dérobé
Près d'un logis suspect la mule d'un abbé,
Ou chez un saint prélat quelque cotillon rose.
Vite, au petit lever on court conter la chose,
On jase, on brode au mieux ; le roi rit ; c'est charmant !
Et l'on a pour son gendre un bon gouvernement.

Poursuivons. Car il faut que j'use de mes armes.
Voyons, sans les voleurs à quoi bon les gendarmes?
A quoi bon avocats, gens de loi, gens du roi,
Lieutenant de police et guetteurs de beffroi,
Procureurs, présidents, robes rouges et noires,
Clercs griffonnant mandats, arrêts et compulsoires,
Guichetiers, estafiers, geôliers, paperassiers,
Piquiers, pertuisaniers, greffiers, huissiers, massiers?
Qui vous met sur le dos la simarre et l'hermine?
Qui vous fait cette haute et florissante mine?
Qui vous nourrit, ingrats? Nous! nous seuls! Quel qu'il soi
Tout pays opulent à deux signes se voit,
Beaucoup d'archers sur pied, des larrons plein la ville!
Et vous frappez le chef de cette classe utile!
De tout temps, sans le vol le commerce a langui.
Nous sommes le grand chêne, et vous êtes le gui.
Sans nous les fabricants des volets de boutiques
Mourraient de faim. Voilà les raisons politiques.
Si jusqu'aux raisons d'art maintenant vous montez,
N'est-ce donc rien d'avoir, dans vos vieilles cités
De torpeur, d'avarice et d'ennui possédées,
Pour faire circuler l'argent et les idées,
Un philosophe aimable, un homme de loisir,
Gentilhomme du peuple, ami du seul plaisir,
Ouvrant les yeux à tout, prêtant à tout l'oreille,
Éveillé quand on dort et dormant quand on veille;
Poète en action aux instincts élégants,
Qui, prenant quelquefois vos poches pour ses gants,
Dérobe avec leurs cœurs les bourses aux marquises,
Et dont l'esprit est plein d'inventions exquises;
Un voleur, en un mot, artiste aimé du ciel,
De tout état lettré rouage essentiel?

Et voilà cependant l'homme qu'on calomnie !
Dont l'envie au cœur bas veut borner le génie !
Contre lequel on lâche, avec mauvais dessein,
Des argousins ! — Comment peut-on être argousin ? —
L'homme qu'on fait saisir, pour quelque sotte histoire,
En plein jour, lâchement, dans son laboratoire !
Au risque de lui nuire ainsi publiquement
Et de discréditer son établissement !

TABLE

	Pages.
AMY ROBSART	1
LES JUMEAUX...	151

NOTES.
Notes d'*Amy Robsart*... 267
Notes des *Jumeaux*........... 269

BIBLIOTHÈQUE-CHARPENTIER

11, RUE DE GRENELLE, PARIS

Collection de volumes in-18 à 3 fr. 50

ŒUVRES INÉDITES DE VICTOR HUGO

CHOSES VUES

UN VOLUME

LA FIN DE SATAN

UN VOLUME

LE THÉATRE EN LIBERTÉ

UN VOLUME

TOUTE LA LYRE

DEUX VOLUMES

AMY ROBSART — LES JUMEAUX

UN VOLUME

EN PRÉPARATION :

EN VOYAGE

(ALPES ET PYRÉNÉES)

UN VOLUME

Imprimeries réunies, A, rue Mignon, 2, Paris. — 2215.

www.ingramcontent.com/pod-product-compliance
Lightning Source LLC
Chambersburg PA
CBHW050633170426
43200CB00008B/998